中学受験のはじめ方

受験指導専門家
西村創
（にしむら先生）

KADOKAWA

はじめに

中学受験はお化け屋敷?!

お化け屋敷は好きですか?

「それ系はニガテ……」という方は少なくないと思います。作り物とは言え、得体の知れないものが暗闇から突如現れて、平常心でいられる人はいません。

では、お化け屋敷の中が照明で照らされて、どこにどんなしかけがあるかを記された設計図を渡されたらどうでしょうか?

お化け屋敷が好きな人はしらけてしまうし、怖がっている人は冷静に屋敷の中を歩けるようになるのではないでしょうか。

中学受験もお化け屋敷と同じようなことが言えます。

現在の中学受験をよくわかっていない方は、「中学受験は親子ともに大変」という話を聞いて知っていても、何がどう大変なのかは具体的にわからず、得体の知れない不安があることでしょう。

実際、**中学受験は場合によっては、作り物のお化け屋敷以上にホラーになりかねない世界**です。

中学受験の世界に足を踏み入れたばかりに起こる悲劇は、珍しいことではありません。

でも、中学受験とはどういうものかをあらかじめ理解しておけば、塾から引き落とされた銀行口座の額を見ても、わが子の模試の見たこともない偏差値の数字を見ても**「そういうものだよね」と冷静に受け止めることができます。**

中学受験で起こりうるホラーな事態…大変なことや悩みには、たとえば以下のようなものがあります。

- 子どものやる気のなさ
- 親子関係、夫婦関係の悪化
- 経済的な負担
- わが子の成績の低迷
- 通っている塾への不信感
- 志望校の過去問演習の点数の低さ
- 塾の授業内容の消化不良
- 出された宿題や授業の復習をやりきれない

……挙げればキリがないこれらのことは、これまで中学受験を経験したご家庭の多くに共通する悩みです。

これらの悩みに、これから中学受験の世界に足を踏み入れる多くのご家庭も、きっと直面するときが来ることでしょう。

でも、どういう時期にどういう状況で、どのような悩みが生まれがちで、その悩みを解決するためには、どのような選択肢があるのかをあらかじめ知っておけば、**どの選択肢を選ぶか迷うことにはなっても、パニックになったりムダに悩んだりすることはなくなります。**

私は、中学受験をめざすお子さんをお持ちの保護者に向けて、YouTubeで情報発信をしています。ありがたいことに、現時点で約10万人の方にチャンネル登録をしていただいています。

ただし、YouTubeはあくまでエンタメの動画メディア。体系的に順を追って中学受験の基礎知識を伝えるには、YouTube動画は不向きです。

そのような背景から生まれたのが本書です。

本書では、これまでYouTubeで発信してきたことの中から、受験を考えているお子さんをお持ちの保護者の方に特に知っておいていただきたいことを厳選したうえで、忙しい毎日のなかでも負担なく理解できるように新たに書籍用に原稿をまとめ直しています。

この1冊を読んでいただければ、中学受験をするにあたって必要な前知識が得られ、これから直面することをひととおり理解することができます。

中学受験の世界には、光もあれば影もあります。

でも、知識を得て、覚悟を決めて臨めば、志望校に合格できなかったとしても「失敗」はありません。

中学受験は恐れるほどのものではありません。
受験を終えて「中学受験勉強をすることにしてよかったね」と笑顔で振り返る親子は、たくさんいらっしゃいます。本書の読者もそうなることを願って執筆しました。

本書は「中学受験」の闇を照らし、**これから足を踏み入れる方を心穏やかに受験終了まで導く設計図**です。設計図といっても難しいことは書いていません。忙しい日々の中で、気軽に読める一冊となっています。

それでは、ぜひ肩の力を抜いて、序章にお進みください。

西村創

もくじ

第2章 中学受験をするなら保護者が準備しておきたいこと

第3章 塾に入る前に知っておきたいこと

第4章 大手塾徹底比較

第5章 入塾したら知っておきたいこと

第6章 わが子の成績を上げるために知っておきたいこと

第7章 わが子をサポートするなら知っておきたいこと

※書籍内に掲載の情報は、2024年1月現在のものです。

ブックデザイン／上坊菜々子
イラスト／くじょう
執筆協力／秋月千津子
DTP／明昌堂
図版／江村隆児（エムラデザイン事務所）
校正／文字工房燦光、鷗来堂
編集／平井榛花

序章

中学受験の世界に入る前に

中学受験をするなら知っておくべき5つの事実

✓中学受験は「取り扱い危険物」
✓子どもの中学受験は親も知識と覚悟が必要

知っておきたい5つの「思っていたより……」

昨今、都市部を中心に中学受験熱が高まっています。クラスで受験をしない子は2、3人という地域の方もいるでしょう。「うちの子も中学受験をさせたほうが……」と考える方や、ある日お子さんが「受験したい」と言って、あわてて中学受験塾の入塾テストを受けに行くケースも見られます。

ただし、**中学受験は「取り扱い危険物」。どんなリスクがあるか知識を得て、覚悟を持って臨まないと失敗します。**
そこでまず、中学受験をめざすことになった多くのご家庭が直面する「想定外」を5つ紹介します。

1　思っていたよりお金がかかる

1つめの想定外は、**思っていたよりお金がかかる**ということです。大手進学塾の小2～小6の月謝の目安は、学年×1万円程度。小3だったら月約3万円、小6だったら月約6万円といったイメージです。
「それくらいだったら、わが子の将来を考えれば出せないこともないか……」と思った方は要注意です。塾に払うお金は、月謝だけではありません。

夏期講習などの季節講習会の費用、夏期合宿や正月特訓、特定の学校別入試対策授業をはじめとしたオプション費用、模試の費用などが月謝に加えてかかってきます。テキスト代が月謝に含まれている塾であっても、辞書や地図帳・地球儀などを別途買う必要が出てきます。

さらに、通塾に電車やバスを使う場合には、その交通費もかかります。雨の日や、車で送迎できないときには、タクシーを使うことがあるかもしれません。

▶ 個別指導塾や入学金といったお金もかかる

また、学年が上がって受験が近くなると、個別指導塾や家庭教師を併用するご家庭も多いです。個別指導塾や家庭教師は、集団指導塾以上に費用がかかるケースもあります。

そのうえ、**複数校受験するとなると、受験料だけで10万、20万円とかかります。**第二志望以下の学校であっても、第一志望の合格発表までに入学金の納入期限が来ることがあるので、その場合は数十万円を第一志望不合格のための「保険」として払わなければいけなくなります。

さらに、念願かなって私立中に入学した後も、制服をはじめとする学校指定品、学年費、研修旅行、修学旅行などの費用がかかります。中高一貫校でそのまま高校に上がったとしても、高校入学時に入学金が必要だということに驚かれる方もいらっしゃいます。

中学受験の世界に足を踏み入れるのであれば、**想定している額の1.5倍は費用がかかる**ことを覚悟しておくといいでしょう。

2 思っていたよりサポートが大変

2つめの想定外は、**思っていたよりサポートが大変**だということです。親は、「わが子の可能性を広げてあげたい、そのための手伝いならいくらでもする」という気持ちでいることと思います。でも、実際に受験勉強を始めてみると、想定以上の負担に驚く方が多いのです。

多くの子は親のサポートがないと、塾のカリキュラムについていくのは困難です。授業の予習、復習、確認テスト、総合テストや模試のための勉強、各科目の宿題など、1週間ごとにスケジュールを立て、その計画がうまく回っているか調整しながらさらにスケジュールを立てる……と、まるで仕事のように「任務」を進めていくことになるのです。子どもは目の前の勉強で精一杯になりますから、親が伴走(ばんそう)する必要があります。

そのほかにも親は、次のようなサポートもすることになります。

- 塾への送迎
- 塾からの配付プリントのファイリングの手伝い
- 塾用のお弁当の用意
  （学校のない日は昼用、夜用、2種類のお弁当を用意）
- 塾の保護者会や保護者面談の参加
- 模試の申し込み
- 学校の情報収集
- 学校説明会の予約と参加
- 志望校の入試過去問の入手や問題のコピー

中学受験の道に進むということは、こうした多岐にわたるサポートを数年続けることになるのです。そのため、**子どもの受験勉強中心の生活に切り替えるくらいの覚悟が必要**です。

3 思っていたより中学受験勉強のレベルが高い

3つめの想定外は、**思っていたより中学受験勉強のレベルが高い**ということです。「いくら中学入試の問題が難しいといっても、しょせん小学生が解くものだから……」と思っていないでしょうか？

もし、そう思うなら、どこの中高一貫校でもいいので、入試過去問を見てもらえたらと思います。書店でオレンジ色の過去問を手に取ってもいいですし、もっと手軽に四谷大塚のWebサイトの過去問データベースから見ることもできます。

見るとすぐにわかりますが、ある程度のレベルの中学入試になると、現役の東大生でも頭を悩ませる問題ばかりです。

▶学校で習う内容を大きく超えた中学入試問題

高校受験、大学受験では、私立であっても学校の学習指導要領を大きく超える問題はほとんど出題されません。しかし、**中学受験では小学校の学習内容を大きく超えるどころか、もはや別次元の問題が出されます。**

中学受験の理科・社会は、高校受験の理科・社会に比べてずっと難しいですし、30年前にトップ校で出題された問題が、今や中堅校で出題されます。

かつては「難問」とされていた多くの問題は、塾の指導ノウハウの向上によって、今では難問に分類されなくなっているのです。さらに、対策される学校側も、入試問題のレベルを上げるので、**年々問題のレベルが上がっていく**わけです。

また、大学入学共通テストの変化に合わせて、中学入試も思考型の問題を増やしています。「知っていれば解ける」という問題から、**「知っていることを前提に、そこから何を課題だととらえて、どう思考して、思考したことをどう表現するか」という問題にシフトしてきている**のです。

「うちは、偏差値の高い学校はめざしていないんです。偏差値50以下の学校で、よさそうな学校があれば、そういうところでいい」とおっしゃって、塾を訪ねてくる方もいらっしゃいます。

でも、たとえば、四谷大塚の偏差値で40以上の学校になると、もう本格的な受験勉強をしないと受かりません。**楽な中学受験というものはない**と考えておいたほうがいいでしょう。

4 思っていたより合格の可能性が低い

4つめの想定外は、**思っていたより合格の可能性が低い**ということです。

3人に1人。これが、中学受験において、最終的に第一志望校に合格できる割合です。

第一志望の学校は、ほかのご家庭からも望まれている学校であることが多いです。そういう学校は、倍率が3倍を超えることが多いですから、3人のうち2人は不合格となる計算ですね（ちなみに、男女御三家はざっくり3倍程度の倍率ですが、中には10倍を超える倍率の入試もあります）。受験までにあきらめる家庭も多いので、そのような家庭も含めれば、合格はもっと少ない割合になります。

小3の2月から長い時間と数十、数百万円を投じても、第一志望に合格できるのは３人に１人以下なのです。**中学受験は「がんばれば合格できる」という甘い世界ではない**ことを覚悟しておきましょう。

5　思っていたより親子ともに精神的な負担がかかる

５つめの想定外は、**思っていたより親子ともに精神的な負担がかかる**ということです。中学受験は親子の体力だけでなく、精神力も問われます。

これまでお伝えしてきた４点を踏まえて中学受験に踏み出しても、成績はそう簡単に上がるものではないですし、高学年になるにつれて、子どもは親の言うことを聞かなくなってきます。

私は、「こんなにお金をかけて、体力の限界まで子どものサポートに尽くしているのに、当の本人は呑気で、やる気が感じられない……」という相談をよく受けます。

一方、**子どもも、日々、塾のクラスメートとの成績競争にさらされて、傷ついていることが少なくありません。**そこで、家に帰ってきてから、塾で傷ついたやるせなさを親にぶつけるんですね。

親も体力的、精神的にギリギリなので、余裕を持って受け止められず、「もうそんなこと言うんだったら、やめれば」と言いたくなるのを必死に堪える。堪えているところに、子どもの受験に関心を示さない夫や妻からあっさり「もうやめれば」などと言われて、やり場のない気持ちにモヤモヤする……そんなご家庭も見てきました。

▶ 中学受験をやめるという選択肢も用意しておく

中学受験をめざすことで家族が結束して、家族のみんなそれぞれの充実した毎日につながっているとか、中学、高校、大学生になってから、「中学受験のとき、親がサポートしてくれたのが本当にありがたかった。あのときの経験があるから、今の自分がある」と振り返る中学受験経験者も大勢います。

一方で、本来、必須ではない中学受験勉強というハイレベルな経験を、ハイレベルな環境でしたために「自分は勉強ができない」と思い込んで自己肯定感が下がってしまう子も少なくありません。

受験で全落ちして、地元の公立中に進学して高校受験の塾に入ったものの、授業中、宿題の解説を聞いて、自分の答えが誤りだと気づくとその答えを消しゴムで消し、シャーペンで正解を書き込み赤ペンで丸をする、といったような「間違い恐怖症」になってしまった子なども見てきました。

そこまで追い詰められてしまうことを防ぐために、**お子さんの適性やご家庭の状況に合わせて、いつでも方向転換できる選択肢があることを、家族で共有しておく**ことをおすすめします。

そのためには中学受験だけでなく、高校受験の知識もつけておく必要があります。高校受験を知ると、中学受験が絶対的に有利な進路というわけではないことを理解でき、わが子の中学受験をサポートするうえで心に余裕が生まれます。

世に出回っている受験情報は、高校受験よりも中学受験と大学受験に偏っています。たとえば、中学受験の塾や大学受験の予備校の名前をいくつか挙げられる方は多いと思います。でも「高校受験の塾は?」

と聞かれても、すぐには答えられない方が多いはずです。近年、高校受験よりも中学受験に価値があると考える人が増えているのは、高校受験よりも中学受験のほうが情報が多いからです。でも、世の中、絶対的に良いものなんてないですよね。

中学受験をする12歳前後はこれから思春期、急成長が始まる年齢です。高校受験で結果を出せる子もいるし、大学受験で結果を出せる子もいるのです。

中学受験は「特殊な世界」だという認識を忘れない

中学受験に臨むのであれば、あくまで**中学受験は「特殊な世界」**だという前提に立つ必要があります。実際に足を踏み入れると「途中でやめさせるのは、これまでがんばってきたわが子への期待もあるし、塾での保護者のつながりもあるし」などと、なかなか難しい決断になりますが、長期的な視点を忘れずにいたいものです。

わが子を受験に向かわせるのであれば、**親も情報収集に努めて知識をアップデートし、子どもが思うように勉強しなくても、成績が上がらなくても、大きく構えつつ、前向きにサポートをする覚悟が必要**なのです。

まとめ

- □ 中学受験は想定している1.5倍ほどの費用がかかる。
- □ 子どもの受験勉強中心の生活に切り替える覚悟が必要。
- □ 第一志望に合格できるのは3人に1人以下。
- □ 親子ともに精神面の負担も大きい。
- □ いつでも方向転換できる選択肢があることを、家族で共有する。

中学受験の世界に入る前の親がしがちな誤解

✓ 塾はわが子に合っているかを最優先にする
✓ 中学受験事情は目まぐるしく変わっていることに注意

中学受験については、ウワサ話やSNSなどの情報があふれているため、思い込みや誤解が多いと感じています。「当然」だと思っていることも、もしかしたら違う見方があるかもしれません。

誤解1　塾は低学年からでないと入塾できない

1つめの誤解は、中学受験塾は低学年から入らないと満席で入塾できないというものです。近年は「満席で入塾できなくなってしまうから……」と、年長のうちから入塾テストを受けて、1年生から入塾する動きが盛んになっています。

実際、首都圏トップの合格実績を出している塾、SAPIXのWebサイトで「募集停止の校舎一覧」というページを見ると、小1から募集停止になっている校舎もあります。

でも、**年度の途中で募集停止になっても、年度が変わるタイミングで入塾できますから、焦る必要はありません。**

エルカミノなどごく一部の塾を除いて、塾は一度入塾した生徒をふるいにかけて進級させないということはありません。そこで、低学年ほど募集人数を絞って、年度が変わるタイミングで新たに募集をかけるというわけです。

もちろん学年が上がるほど入塾テストのハードルは上がるものの、そのテストに合格できないようでは、入塾してから授業についていくのがそもそも困難です。

入塾するのが目的ではなく、成績を上げて志望校に合格することが目的なのですから、**お子さんの学力と受験したい気持ちが入塾に見合うと判断できたタイミングで、入塾テストを受けるのがいい**でしょう。

▶通塾で陥りがちな「お客さん」状態に要注意

最難関校の合格実績を売りにしている塾では、カリキュラムやテキストも最難関校に受かるためにつくられています。

そうした塾に、入塾ハードルの低い低学年から入り、小4、小5と進級していくと、「今、入塾テストを受けたら落ちるだろう」というような成績で通い続ける子も出てきます。授業内容を理解しきれずにただ塾に通うだけの、いわゆる「お客さん」状態です。

じつは、小中学校時代の私がそうでした。塾の授業をちっとも理解していないのに、それを親に言い出すことができず、授業中、ずっとノートにマンガを描いたり、机の下に隠しながら携帯ゲーム機で遊んだりして、授業が終わるのを待っていました。

塾にとっては、大勢の塾生のひとりとして席に座らせておくだけで、毎月数万円を納めてくれるいい資金源です。ある大手塾では、そんな生徒のことを「お客さん」とか「電気代」と呼ぶことがあるようです。

▶塾は「早く通い始めた者勝ち」ではない

塾は早くから通わせれば、そのぶん成績が上がるとは限りま

せん。もちもん、早くから入塾した子が、学ぶ楽しさを味わい、学習習慣と基礎学力を身につけて、希望の学校へ入学できることはあります。

でも、その子が小１ではなく小３の２月から入塾したらそこまでの学力がつかなかったのかというと、それは検証できないわけです。

低学年のうちに成績上位だった子の多くは、ハードルの上がった入塾テストを突破して小４以降に入塾してきた子に成績を抜かれます。後から入塾してきた子に抜かれていくのは、精神的なタフさがあるか、「人は人、自分は自分」という線引きができる子でないと、親子とも、キツいものがあります。

私は**小学校低学年のうちは、そのときしかできないさまざまな体験をして、広い意味での「勉強」をする**ことをおすすめします。そういう子が後で伸びていきます。「急がば回れ」です。

誤解２　両親ともに公立高校出身だから不利

２つめの誤解は、両親ともに公立高校出身だから不利だというものです。両親とも公立高校出身で中学受験経験がない親御さんの場合、「子どもが中学受験したいと言い出したけれど、何がどう大変かわからないし、アドバイスもできない」と不安に思われることが多いようです。

でも、中学受験を経験していない保護者は、むしろわが子をうまくサポートできている印象があります。「経験がない」「知らない」というのは、ある意味最強です。**先入観がないと、新しい情報がそのまま頭に入るから**です。中学受験経験がない。地方から引っ越してきたので近隣のエリアのイメージがない。学校のイメージがない。それで不利になるわけではありません。

逆に、うまくいかない傾向があるのが、自分自身が中学受験を経験していて、その成功体験を子どもの受験に当てはめようとする保護者です。そうした親御さんは、塾の面談で、「この学校って今こんな偏差値なの?」と、自分の受験した時代と比べて驚いたり、「受験は暗記勝負なんだから、つべこべ言わずに覚えるの!」と、隣に座るわが子に発破をかけたりします。

▶ 学校の偏差値は株価と同じでどんどん変動する

学校の偏差値は、株価と同じように変動します。10年前とは別の学校のように変貌を遂げている学校が、いくらでもあるのです。私たちが子どもの頃には人気のなかった学校が、今や超人気校になっているというケースは珍しくありません。

受験のシステムや試験内容も変わっています。30年前のように知識を問う問題の比率は減って、思考力重視の問題が増えています。塾業界も、かつては存在しなかったSAPIXが絶対的なトップに君臨していますし、オンラインの塾はこの3年で急拡大して、対面授業専門の塾も映像授業配信を導入するようになりました。

中学受験をめぐる状況は目まぐるしく変わっていますから、「知っているつもり」が一番怖いのです。

誤解3　中堅校なら入れそうという見通し

3つめの誤解は、中堅校なら入れそうだと考えることです。「うちは、よそと違って、偏差値の高い学校じゃなくて中堅校に入れれば十分だから」と思ってはいないでしょうか?

中学受験塾の偏差値50は、高校受験の偏差値50とは意味が違います。**中学受験は母集団の学力が高いので、偏差値50を取るのは容易なことではありません。**

▼ 全国レベルで見た「中学受験偏差値50」の位置づけ

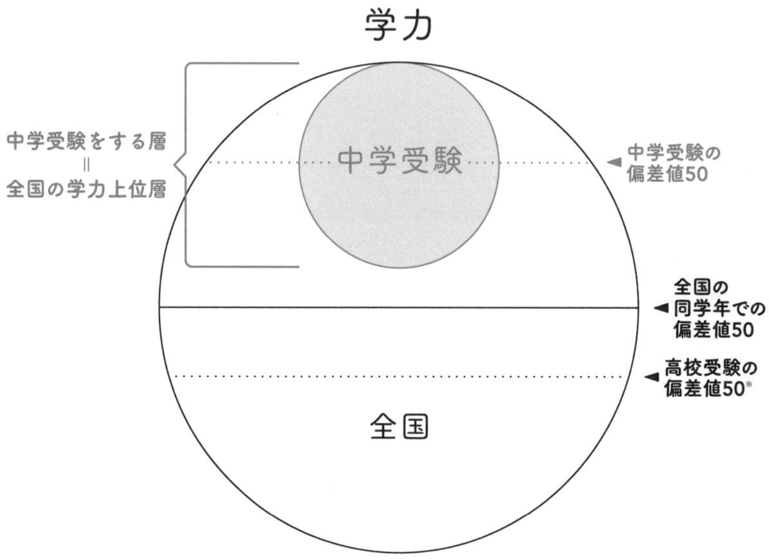

※高校受験では、中学受験者の多くが母集団に含まれていないため、全国の偏差値50よりやや下がる。

中堅校に合格するにも、小3の2月から中学受験専門塾に通って本気で勉強する必要があります。中には小5の冬期講習くらいから入塾して受験勉強を始めて、難関校に合格するような子もいますが、稀(まれ)なケースです。

また、中学受験の内容は、大学を出ている大人でも、中学受験の内容に日々触れていない素人にはそう簡単に解けるものではありません。四谷大塚のWebサイトで『予習シリーズ』というテキストのサンプルを見てみてください。「これを小学生が解くの?」と衝撃を受けるはずです。

誤解4　有名大手塾に入塾させれば安心

4つめの誤解は、大手塾に入塾させれば安心だというものです。塾は、お金さえ払えば後は子どもの成績が勝手に伸びていくというような、夢と魔法の場所ではありません。

大手だから、有名だから、ブランドがあるから、人気があるから、合格実績がすごいから……といって決めると、失敗します。

トップ塾の成績上位クラスに入れるのは限られた生徒だけですし、入れたとしても、そのクラスに居続けるのは大変なことです。有名大手塾に入塾すれば、みんな成績が上がるわけではありません。大事なのは、入塾してから、そこで習ったことをどれだけ吸収できるか、身につけられるかということです。

だから、塾は、お子さんに合った塾を選ぶことが大切です。近所への買い物や家族の送迎くらいしかしないのにスポーツカーを購入したら、扱いづらいですよね。でも、トップ校をめざすつもりがないのにトップ校をめざすための塾にわが子を入塾させるご家庭が、少なくありません。**勉強する本人であるお子さんにとって合いそうな塾か**という視点で選ぶことをおすすめします。

誤解5　第一志望に合格できるのは3人に1人

5つめは、第一志望に合格できるのは3人に1人という割合についての誤解です。

前のテーマで「第一志望に合格できるのは3人に1人」とお伝えしました。多くの子が第一志望にするような学校の倍率が、だいたい2〜4倍なので、そこから割り出された数字です。

でも第一志望に合格できる確率は、じつはもっと少ないのです。最終的に組んだ受験プランで、実際に受験する複数の学校の中の第一志望に合格するのは3人に1人くらいでしょう。でも、それはあくまで「最終的に」という話です。

中学受験勉強を始める前は、有名な学校にあこがれますよね？「有名大学の付属中に入れたらいいな」などと理想を思い描いて、中学受験塾に入塾するわけです。その理想の学校が本来の「第一志望」といえます。

でも、小5、小6と進級し、何回も模試を受けるにつれて、現実がわかってきます。そして小6の11月頃、どの学校をどんな順番で受けるかという受験プランを組むことになったときに、直近の模試の偏差値より10も20も上の学校や、過去問を解いても合格最低点に数十点も差がある学校は、受かるのは厳しいだろうと悟り、合格する可能性がある「現実的な」第一志望校を定めることになります。

その「現実的な」第一志望校に合格できるのが、3人に1人というわけです。**入塾前に思い描いていた当初の第一志望には、3人に1人どころか、5人に1人、いや10人に1人くらいしか合格できていないはず**です。

▶第一志望に合格することだけがすべてではない

大手塾のマーケティング戦略は「うちの塾に入って、指導力のある講師の指導を受けて、塾生たちと切磋琢磨(せっさたくま)すれば、子どもは成長を遂げて、夢に見た学校にも手が届く」という希望を与えるものです。それは、あながちウソではありません。

小4で入塾してきたときは、消極的でいつも小さな声で話していたのに、小5、小6と成長していくに従って、自信がついて堂々とした態度になり、別人のような頼もしさを見せるようになって、誰もが羨む学校に合格して進学する……というような子も、何人も見てきました。

第一志望校に3人に1人の合格。10人に1人の合格。見方を変えれば、3人に1人でも10人に1人でも、合格している人がいるということです。

合格している人がいる以上、わが子も合格する側に入れるともいえます。

ただし私は、**第一志望の学校に進学することよりも、第二志望や第三志望に進学することで、人生が不利になるとは思いません。**どんな進路に進んでも、その環境でしか得られないことが必ずあります。長い人生を歩む中で、あのときにこの道を進んだからこそ、本当にやりたかったことができたと振り返ることが、あるはずです。

向上心を持って第一志望をめざすことはお子さんの成長につながりますが、その結果、第一志望に進めなくても、「残念でした」ということはないはずです。**どんな結果も、それをどう今後に生かすかで、その進路の価値が決まります。**

受験勉強を通じて、そんなしなやかさも学んでいくことができたら、人生を豊かに歩めるのではないでしょうか。

まとめ

- □ 早くから入塾しても、そのぶん成績が上がるとは限らない。
- □ 両親ともに中学受験経験がなくても大丈夫。
- □ 経験者こそ、時代が変わっていることに要注意。
- □ 塾は名前で選ばず、子ども本人に合いそうかを最優先にする。
- □ 本来の「第一志望」に合格できるのは3人に1人より少ない。

こんなに違う中学受験の昔と今

- ✔ 受験環境が大きく変化している
- ✔ 入試内容も大きく変化している

中学受験の環境は、私たち親世代がまだ子どもだった頃と比べて、ずいぶん様変わりしています。

学校偏差値の変化

昔と今の違いとして、**学校偏差値の変化**が挙げられます。かつては入るのが大変ではなかった学校が、今では難関校になっているケースが多くあります。

たとえば、次の学校をご存じでしょうか？

- 渋谷女子
- 鷗友学園女子
- 順心女子
- 戸板女子
- 洗足学園

この5校、30年前はどの学校も四谷大塚偏差値40未満でした。では、現在の四谷大塚偏差値はどうでしょうか？

- 渋谷女子（現：渋谷教育学園渋谷）偏差値：男子66、女子69
- 鷗友学園女子　偏差値：61
- 順心女子（現：広尾学園）偏差値：男子59、女子61

同「医進・サイエンス」コース　偏差値：男子64、女子66

- 戸板女子（現：三田国際学園）偏差値：男子54、女子55
  同「メディカルサイエンステクノロジー」コース　偏差値：男子60、女子62
- 洗足学園　偏差値：65

いずれも、現在は簡単には入れない人気校です。逆に、この30年で大きく偏差値を下げた学校も少なくありません。このように、**私たち親世代が受験した時代と今とでは、学校の偏差値が大きく変わっている事例が多い**のです。

通塾の低年齢化

私が塾講師デビューをした約30年前は、中学受験をするなら、小4の2月、つまり新小5からの入塾が一般的でした。**でも今は小3の2月、つまり新小4からの入塾が一般的**です。さらに、小学1年生から生徒を受け入れる塾が大半です。

これは、ある大手塾一社が小2から生徒を募集すると、それまで小3から募集していた塾が「成績優秀層を他塾に取られる前に、うちも小2から募集しないと!」と考えて小2からの募集を始める。すると、また別の塾が「それならうちは小1から募集して、成績優秀層を集めよう」と考えて小1からの募集を始め、ほかの塾も小1からの募集を始める……という流れになって、どの塾も低学年から生徒募集をするようになったわけです。

少子化という背景もあります。子どもの数が減っているので、塾生数、売り上げを確保するには、対象年齢を下げて補うしかないという事情もあるのです。その結果、「SAPIXに入るなら小1から入らないと満席で入れないらしいよ」という噂が広がるまでになっています。

私は、低学年から塾通いをすることを否定はしません。ただし、**子どもがまだ塾に通う準備が整っていないうちに入塾するのはおすすめできません。**

低学年のうちはいろいろな体験をして、運動をして体力をつけ、勉強習慣をつけて基礎学力を身につけるほうが優先度が高いからです。子どもがまだ塾に通いたいという気持ちが高まっていないのに、親の気持ちが先行して塾に入れるのはおすすめしません。

「啐啄の機」という言葉があります。ひな鳥が卵からかえるときに、ひな鳥が内側から出ようとするタイミングに合わせて、母鳥が卵を外からつついて殻を割ってやるのと同じように、子どもに何かしてあげるには、してあげるタイミングを見極めるのが大事です。

塾の勢力図の変化

30年前、首都圏で中学受験塾といったら日能研、日曜にテストを実施する塾といったら四谷大塚でした。四谷大塚のテストを受けるためには「会員」「準会員」になる必要があって、そのための勉強を栄光ゼミナールなどのほかの塾でするのが主流でした。

そして、現在、「トップをめざすならSAPIXでしょ!」というのが、あたかも常識であるかのようになっています。**当時は主流ではなかった塾がトップに君臨しているわけで、塾の勢力図自体が変わった**といえます。

SAPIXというのは、TAP進学教室という塾をやめた幹部たちが1989年につくった塾です。今や40以上の校舎ができて、東京校や自由が丘校のような大規模校舎だと、20クラス以上も設置されているという大盛況ぶりです。

そんなSAPIXを筆頭に、早稲田アカデミー、四谷大塚、日能研の4つの塾が、首都圏4大塾と呼ばれていて、そこに、SAPIXをやめた幹部たちがつくった塾、Gnoble（グノーブル）が難関校の合格実績を出す塾として続いています（詳しくは第4章で解説します）。

塾と入試のオンライン化

塾のオンライン化もこの30年でずいぶん進みました。

現在、四谷大塚のテキスト『予習シリーズ』を使って授業をパソコン、タブレット、スマホで受けられる「進学くらぶ」の「予習ナビ」をはじめ、スタディサプリなどのオンライン塾も増えています。

新型コロナウイルスが広がって「緊急事態宣言」が出されたときは、多くの塾が一時的に対面授業を停止、オンライン映像の授業に切り替えて、それをきっかけに多くの塾のオンライン対応が加速しました。今後、さらに塾のオンライン化は進んでいくでしょう。

入試もオンライン化が進んでいます。

かつては、受験するための願書を学校までもらいに行って、その願書を提出するために早朝から学校の正門前の行列に並ぶ……そんな光景が見られました。

今でも、学校の窓口まで願書を取りに行って提出する学校も中にはありますが、ほとんどの学校はネット出願となったうえに、合格発表もネットで行われるようになっています。

学校の掲示板での合格発表は今でも行われていますが、合否をその場で確認するというよりは、ネットで合格を確認した人が入学手続きのために学校に行った際に、掲示板でも自分の受験番号を再確認して、その前で記念撮影をする……というのが定番になっています。

入試制度・問題の変化

30年前の入試は、国語・算数・理科・社会の4科目で受験するか、それとも国語・算数の2科目で受験するかという二択が中心でした。しかし今は、**公立中高一貫校の適性検査型入試や、英語選択入試を採用する私立中が半数近く**になっています。さらに英検の保持級によって、入試の点数に加点をしてくれる学校も増えています。

そのほか、適性検査型入試、英語入試以外の新傾向として、

- プログラミング入試
- 思考力入試
- 自己アピール入試
- 探究型入試
- 協働プレゼン入試
- マインクラフト入試（聖徳学園）

など、30年前は考えたことすらなかったような入試を採用する学校が増えています。

この変化を受けて、早稲田アカデミーでは2020年にSTEM（ステム）教育プログラム「CREATIVE GARDEN」という講座をスタート。個別指導のユリウスはロボットプログラミング講座を開き、四谷大塚を運営するナガセは2022年に「CodeMonkey」という学習ソフトを使ったプログ

ラミング講座を開設しました。

このように、**30年前と今では入試制度が変わってきています。**

これらは偏差値にこだわらない志望校選びをする人にとっては、受験科目の選択肢が増え、好ましいことだと思います。

新傾向入試で問われる能力は、大手塾に通わなくても、それぞれ専門のスクールに通って高めることができます。そして、身につけたプログラミングやプレゼンのスキルは、今後社会に出たときに大いに役立ちます。

探求する姿勢を身につけ、思考力を高めて、プログラミングができて、仲間と協働して、プレゼンができたら、この令和の時代、やりたいことはたいていかたちにすることができます。国語、算数、理科、社会の勉強はもちろん意味があるものですが、新たなジャンルに取り組むのも自分を生かす道です。

▶ 入試問題の変化1　時事問題の増加

入試問題の中身も変わってきています。

30年前は「時事問題を出す学校がある」くらいだったのですが、**今では、約8割の学校が時事問題を出しています。** しかも、小問として1問だけ出題というのではなくて、大問丸ごと時事問題というケースも目立つようになりました。

受験生にとって時事問題がやっかいなところは、通常のテキストで勉強しているだけでは解けるようにならないことです。そこで、中学受験をめざす子は、小4、5くらいになったら子ども向けの新聞を読み始めることをおすすめします。

いろんな新聞社から子ども向け新聞が出ているので、比較してから定期購読するといいですが、慣れないうちは『読売KODOMO新聞』（読売新聞社）のハードルが低くおすすめです。１週間に１日の発行なので、読まないうちに溜まってしまうことが避けられますし、四谷大塚監修の受験生向け問題なども掲載されています。

小６になったら毎年10・11月に各出版社から出版される時事問題用の本を手に入れて勉強するようにしましょう。

▶ 入試問題の変化２　資料読み取り問題の増加

現在の入試問題は、資料読み取り問題が多いです。

昔は「読解力」といえば「文章を読んで理解する力」でしたが、今は「図表や資料が示している意図を読み取る力」も読解力に含まれます。最近は特に資料読み取り問題が多くなりました。

このような問題が多くなったのは、「大学入試センター試験」にとってかわった「大学入学共通テスト」の影響です。大学入学共通テストの「対話文」と「資料」の組み合わせ問題に、中学入試問題も寄せてきているのです。

資料読み取り問題を解くうえで必要なのは、**どういう見方をすればその資料の意図することが見えてくるのかを、資料をじっくり読んで考えていく**ことです。

この力をつけるために、おすすめなものがあります。学校の授業で一回も使われることがないままその存在が忘れられがちな副教材、社会や理科の資料集がありますよね。じつはあの資料集、かなり優れもので、忘れ去ってしまうのはもったいないです。

休憩時間などに眺めて「なんでこれはこうなってるんだろう?」と考えると、資料読み取り問題にも強くなっていきます。掲載資料の近くに解説も付いているので、それも併せて読むと、より深い理解が得られます。

▶入試問題の変化3　文章の長文化

いわゆる「難関校」と呼ばれる学校の国語の入試では、平均すると本文が約8,000字にもなります。8,000字というのは、原稿用紙にして20枚分。対して、小学6年生の学校の国語のテストの文字数が800字くらいなので、**難関校の国語の入試問題の文章量は学校のテストの10倍近い**です。

国語の入試問題は本文だけではなくて、問題文、特に選択肢問題のような文章量が多い問題もあります。それら問題文の文章も含めると、文章量が1万字を超える学校も珍しくありません。受験生は50分程度の制限時間内に、本文を読んで、問題を読んで、問題の答えを考えて、答えを解答欄に書く必要があるわけです。

……という話を聞いて、「それは大変!　速読即解、速く読んで速く解けるようにしないと!」と考え、子どもにスピードを求めると、ただ文章を読み飛ばして感覚で解くだけになって、かえって読解力がつかずに点数が下がっていくことになりかねません。

速く読めるようになるためには、速く読もうとしないことです。**じっくり読むトレーニングを積んでいく中で、自然と読むスピードが速くなっていくのが理想**です。

▶ 入試問題の変化4　問題の難度が上がった

入試問題はこの30年間で難しくなりました。30年前にトップ校で出題された問題が、今や中堅校でも出題されます。それに合わせて塾のカリキュラムもどんどん増えて、授業の進度も早くなって、宿題も大量に出されるようになっています。

その結果、大手進学塾では、成績上位のクラス以外は授業についていけない生徒が続出していて、なんとか授業についていけている生徒も必死であるというのが実態です。

この状況にどう対応すればいいかというと、**応用・発展問題への取り組みは後回しにしてでも、基本の理解と例題を解けるようになることに時間をかける**ようにしましょう。

入試問題が難しくなっているといっても、誰も見たこともないような問題や、算数ではなくて数学の知識がないと解けない問題、専門知識がないと正解できない理科や社会の問題などは出ません。

「難しい問題」は未知の問題ではなく、「基本問題」をかけ合わせてつくった問題です。

だから**結局、基本を理解することが大事**なのです。

▶ 入試問題の変化5　思考力・発想力を問う問題の増加

「これからの時代、知識があることよりも、いかに深く考えられるか、いかに広い発想ができるかが求められる」ということは、私が塾講師を始めた30年近く前からいわれてきたことです。

実際、30年前の入試問題でも思考力、発想力が問われる問題が出題されていました。ただし、30年前の思考力、発想力が問われる問題の多くは、思考の型、発想の型を学んで、反復練習をくり返せば解けたのです。

今の入試はそうはいきません。思考の型、発想の型を学んで、反復練習をくり返しても、**最近の問題は型破りで、型にはめて正解を導き出すのが難しい**のです。そんな型破りの新傾向問題は、特に新興の進学校に多く見られます。

とにかく知識を暗記し、ひたすらパターン演習をトレーニングする……このようなかつての勉強も必要なことではありますが、それだけでは現在の入試には通用しませんし、そもそもそんな勉強はつまらないですよね。ある程度知識をつけたら、そこからより深く考えたり、発想を広げていったりするところに、学ぶおもしろさがあります。

「勉強がつまらない……」と思っている子は、**勉強内容、勉強時間を減らしてでも、各単元の基礎を深く理解することを優先しましょう。**一見、全然別のものだと思っていた2つのことに、じつは共通点があると知ることや、自分とは全く関係のなさそうなことが、じつは関係があることを知ったときの「そうなんだ!」という驚きと興奮を味わってもらいたいと思います。

そうすることが、結果的に中学受験の入試問題に対応できる力を養うことにつながります。

▶「ひたすら量をこなす」スタイルは通用しない

昭和、平成のような

- とにかくがんばって覚える
- とにかくがんばって問題を多く解く
- とにかくがんばって勉強時間を増やす

という「とにかくがんばる熱血スタイル」だと、いずれ限界がきます。

勉強＝「暗記と反復練習」、勉強＝「努力と根性」、このように勉強してきた子は、知っている知識・解いたことがある問題には強いです。早く正確に答えを出せます。

でも、その反面、初めて見るタイプの問題に出くわすと「これは、知らないから解けない」と思い込んで、あっさりあきらめがちです。でも**「知らないから解けない」という思い込みが「知らなくても解ける」という意識に変わると、意外と解ける**ものです。

テストや模試で解けない問題があったとき、その分野の知識が足りないと考えて、テキストを取り出して書かれていることを一生懸命覚えることが復習だと考えている子、ご家庭は少なくありません。

「どう考えたら今の知識で解けるか？」
そういうことも考えながら勉強に取り組めると、令和の思考力・発想力を試す問題を解く力が身についていきます。

まとめ

- □ **30年前の受験知識を、現在のものにアップデートする。**
- □ **昭和、平成の情報や考え方は、今では通用しないと心得る。**
- □ **勉強方法を現在の入試傾向に合わせ、「暗記と反復」から「深く考え、広く発想する」へ変えていく。**

中学受験に向いている子の特徴とは

✓ わが子が受験に向いているタイプなのか観察する
✓ 向いていなさそうな場合は、わが子に合う方法を検討する

中学受験は子どもの向き不向きが最も重要

「中学受験は親の受験」といわれることがあります。でも、私としては、**親の働きかけよりも、子ども自身の向き不向きのほうが結果を左右する**と感じています。どういう子が中学受験に向いているのか、序章の最後に3つの特徴をお伝えします。

1　思考や作業にスピード感がある子

1つめの特徴は、**思考や作業にスピード感がある**ことです。

試験は時間との戦いです。難関校の中学入試の国語では、制限時間50分前後で1万字近く、原稿用紙20枚以上もの文字数の文章を読んだうえで問題に答えることになります。つまり、中学受験に合格するためにはスピード感が求められます。テンポよく、てきぱきと考えられる頭の回転の速さが必要です。

また、塾では多くの宿題が出されます。テキスト、副教材、配付プリント、さまざまな種類の宿題が各科目の講師からそれぞれ出されます。宿題だけでなく、日々の授業や確認テスト、総合テスト、模試の復習が必要ですし、小6の秋以降は入試過去問の解き直しもすることになります。

つまり、各科目の勉強をどれかひとつに時間をかけすぎず、どんどん進めていく必要があるのです。そのため、マイペースな性格だと、大手集団塾のカリキュラムや求められる家庭学習のペースについていくのが困難です。

中学受験では、取り組みが多少雑でも、スピード感がある子が有利です。逆に、1つひとつの取り組みが丁寧で、じっくり物事に向き合う子は中学校で内申点を取るのが得意です。そういう子は、高校入試に向いているかもしれません。

2 精神年齢が高い早熟タイプの子

2つめの特徴は、**早熟で精神年齢が高い**ことです。

中学受験は12歳時点での受験です。受験勉強を始める頃は9歳前後ですから、精神年齢の差は子どもによってかなり大きいです。ときどき「大人より大人っぽい思考ができる子」がいますが、そういう子は中学受験に向いているといえます。

中学入試の国語では抽象度の高い論説文の読解が求められることがあります。人生観や文化論、哲学、宗教、資本主義経済の限界とパラダイムシフトの先にある新たな価値観などについて書かれた文章が出題されます。

物語文では「笑顔の裏に隠された悲しみ」「恋心を抱く相手にわざとそっけない態度を取る心情」を読み取らせる読解問題なども出されます。精神年齢の高い子は、こうした問題の模範解答をあっさりと答えられることが多いのです。

一方、精神年齢がまだ幼い（というか年齢相応の）子だと、説明されてもいまひとつ理解できません。年齢を考えるとごく自然なことですが、こうした子は解法テクニックを学んでも限界があります。

国語以外の科目でも、論理的思考が求められる問題が多く出題されています。そのため、**ふだんから新聞や、大人が読むような小説・ビジネス書を読んでいたり、情報・ドキュメンタリー番組を進んで見たりする早熟な子は、中学受験向き**です。

3 知的好奇心が強い子

3つめの特徴は、**知的好奇心が強い**ことです。お子さんの日頃の様子をよく観察してみてください。次のような言動はないでしょうか?

- ふだんの会話で親が口にした意味のわからない言葉に「え、『○○』って何?」と確かめてくる
- 大河ドラマや、科学や自然の神秘に迫るドキュメンタリーなどに関心を示す
- 視界に入った文章を、自然と目で追って内容を確かめる
- クイズやパズルに進んで取り組み、答えを早く知りたがるのではなく、自分で考えて答えを出したいという姿勢がある

こうした子は、知的好奇心が強く、中学受験向きのタイプといえます。

中学受験塾への入塾を検討しているご家庭は、お子さんと一緒に塾の説明を聞きに行った際に、理科や社会のテキストを見せてもらうといいでしょう。そして、**そのテキストにわが子がどれくらい食いついているか、チェック**してみてください。

塾で使う理科・社会のテキストは、カラフルな図表や画像が多く、

図鑑が好きな子は見入ってしまうつくりになっています。一方で、興味なさそうにすぐにテキストを閉じてしまう子もいます。塾のテキストをおもしろがる子、関心を持たない子、どちらが中学受験に向いているかは一目瞭然ですよね。

「知らないことを知りたい」「いろいろなことをもっと深く知りたい」と思う子は、中学受験に向いています。

うちの子は中学受験に向いていないと思ったら

3つの特徴を読み、わが子は受験に向いていないのでは……と不安になった方もいると思います。そのようなご家庭は、中学受験をあきらめたほうがいいのでしょうか?

じつはそうとも言い切れないのが、子どもの可能性と中学受験の多様性です。今、わが子に知的好奇心があまり感じられないのは、まだきっかけがないからかもしれませんし、精神年齢が進んでいないからかもしれません。

しかし、子どもはふとしたきっかけで変わることがあります。幼く思えた子が、急に大人びてくることもあります。子どもは1年、いや半年で、思ってもいなかったような急成長をとげることもあるので、私は生徒の可能性を決めつけないようにしてきました。

また、家庭での働きかけしだいで、中学受験向きの思考や行動を身につけることもある程度可能です。私が日頃から身につけておくと良いと思う習慣は、

- 時計を見る習慣

- お手伝いをする習慣
- 自分の考えを話と文章で伝える習慣
- 調べる習慣
- チャレンジする習慣
- 何かに集中する習慣

です。時間感覚が養われていると入試の時間配分をしっかり行えますし、日頃からお手伝いをしている子なら、日常生活に関係のある問題を見たときに具体的にイメージを持つことができます。

こうした習慣を身につけるには、「さあ、いい習慣を身につけよう!」なんて、張り切って子どもに働きかける必要はありません。

そっとリビングに小さい時計を置いたり「ちょっと鍋が煮えるの見ててもらっていい?」と頼んだり、「それって、どういうこと?」と子どもの話に関心を示したり、「一緒に調べてみようか」と言って手元のスマホで調べてみたり、まだわが子が食べたことのないメニューを食卓に一品出してみたりなど、そういう日常が、子どもの成長につながるのです。

まとめ

- □ **スピード感のある子、早熟な子、知的好奇心の強い子は中学受験向き。**
- □ **現時点で早熟でない子も、急成長の可能性がある。**
- □ **わが子の可能性を決めつけないことが大切。**

第 1 章

中学受験を考えたら知っておきたいこと

中学受験に臨むための4つの前提

✓ 3つの倍率や、安全校について知識をつける
✓ 1点の重みやメンタルの重要性を知っておく

思い込みで損をする

受験について正しい知識がないと、読み取れるはずの情報を見落としてしまったり、思い込みで落ち込んだり、過信してしまったりすることがあります。そこで、中学受験を考えたらまずは知っておきたいこととして、多くの保護者が誤解や思い込みをしやすいことについて、4つのポイントをお伝えします。

1　倍率の高さ＝受かりにくさではない

受験に関する倍率には**「応募倍率（出願倍率）」「受験倍率」「実質倍率」の3種類**があります。

- 応募倍率（出願倍率）…「応募者数÷募集定員」
  定員に対して、どのくらいの人が出願したのかという倍率
- 受験倍率…「受験者数÷募集定員」
  定員に対して、どのくらいの人が受験したのかという倍率
- 実質倍率…「受験者数÷合格者数」
  実際に受験をした人のうち、どれだけの人が合格したのかという倍率

▼ 3種類の倍率

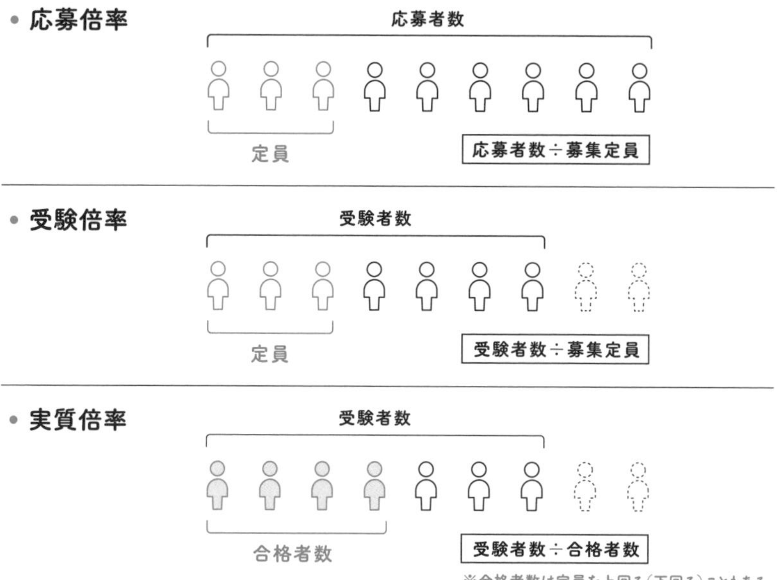

募集締め切り後にわかるのが「応募倍率」、入試終了後にわかるのが「受験倍率」、合格発表後にわかるのが「実質倍率」です。

極端な例ですが、2022年の栄東中の東大特待Ⅰの応募倍率はなんと47.6倍でした。でも、合格発表後に判明した実質倍率は2.2倍だったのです。また、巣鴨中の算数選抜の応募倍率は29.6倍、実質倍率は2.3倍でした。

中学受験では複数校を併願受験する人が多いため、すでに合格を手にした受験生が欠席するなど、当日になって大幅に受験者が減る学校があります。**応募倍率が非常に高くても、実質倍率はそこまではないというケースが多い**ので、応募倍率に惑わされないようにしましょう。

▶ 倍率だけでは、合格しやすさはわからない

受験は競う「人数の多さ」よりも、競う相手の「学力の高さ」によって、合格の可能性が左右されます。**高倍率でも恐れる必要はない反面、低倍率でも不合格になり得ます。**

たとえば、100人の候補者から、走るのが速い人を1人だけ選ぶとします。100人の中から1人が選ばれるので、倍率は100倍です。とても自分が選ばれるとは思えないでしょう。でも、自分以外の全員が幼稚園生だったら、余裕で選ばれるはずです。

では100人の候補者から、走るのが速い人を99人選ぶとしたらどうでしょうか。倍率は1.01倍ですから、走りに自信がなくても選ばれそうです。でも自分以外の99人が全員トップアスリートだったら、ほぼ確実に脱落する1人になってしまうはずです。

受験の倍率も、同じことです。**倍率だけを見て、合格しやすいかどうかを測ることはできません。**

中には倍率0.9倍というように、1.0倍未満の倍率の学校もあります。こうした学校は、受ければ誰でも受かるのでしょうか?

答えはNOです。1.0倍未満の倍率の学校でも「1科目でも30点を切ったら不合格」といったような不合格基準を設けているケースが多いからです。学力が一定基準に達していない子では、入学後に授業についていけないですからね。

2 「安全校」は存在しない

受験の世界には「安全校」「滑り止め」という言葉があります。これは、最近の模試の偏差値よりも5ポイント以上低い偏差値の学校のこ

とを指します。

模試では、志望校の偏差値より5ポイントを超える偏差値を取ると、合格可能性80%以上の判定が出ます。でも、安心してはいけません。これは「5回受けたら4回は合格できる」ということではないからです。**80%の合格可能性とは、過去その偏差値で受けた5人のうち4人が合格したというデータ**です。

つまり、5人のうち1人は不合格になっているのです。

では、合格可能性80%で合格できる人と不合格になる人の違いはどこにあるのでしょうか?

それは入試問題との相性もありますし、最後の模試以降も学力を高められたかどうかでも、結果に差が出ます。そもそも、中学入試は小学生が受けるものです。腹痛になった、集中しすぎて時計を確認し忘れて時間配分に失敗した、教室が暑すぎた……そんな「想定外」に対応しきれなくて、不合格になってしまうこともよくあるのです。

担当講師全員が合格を確信しているような生徒であっても、まさかの事態は起こり得ます。「安全校」の入試であっても不合格はあるものと想定して、**もし「安全校」に不合格だったらどうするかというところまで受験プランを考えておく**のがいいでしょう。

▶「安全校」「滑り止め」と呼ぶけれど……

私は、「安全校」や「滑り止め」という呼び方があまり好きではありません。その「安全校」とか「滑り止め」に進学する可能性もあるわけです。将来通学するようになった際、子ども本人が「自分は『安全校』『滑り止め』に通っているんだ……」と、ネガティブな感情を抱きかねません。

どの学校にも前向きな気持ちで通うことができるように、受験校は「第一志望グループ」「第二志望グループ」と呼んだほうがいいのではないかと思っています。

3 合否分岐点の受験者が最も多い

「合否分岐点」というのは、合格者と不合格者の境目となる各科目の合計点のことです。「合格最低点」ということもできます。受かりそうなギリギリの偏差値の学校を受験する人が多いことから、この**合否分岐点・合格最低点に、受験者の得点が集中**します。

合否分岐点を何十点も超えて合格する人や、逆に何十点も下回って不合格になる人は少ないのです。つまり受験では、あと1点取れなかったら不合格、あと1点取れていたら合格という受験生が大量に発生します。このことを受験の世界では「1点の重み」といいます。

4 精神状態が合否を左右する

受験をするのはまだ12歳の子どもですから、入試本番の精神状態によっては、これまで培った学力や要領を生かすことができなくなってしまいます。教え子の中には、「入試が始まる前に試験監督の先生と目が合った瞬間、急に緊張してパニックになってしまった」という子や、「知っていたことなのにど忘れして思い出せず、涙が止まらなくなってほかの問題もできなくなってしまった」という子もいました。

中学受験はメンタルによって結果に差が出ます。入試が近づいたら、得点力を高めることだけでなく、わが子が良い精神状態で受験を迎えられるようにサポートしてあげたいものです。

▶ わが子にかけてあげる言葉に正解はない

とはいえ、子どもになんと声かけするかは難しい問題です。

私は、受験前の壮行会で**「今日まで勉強してきて得られたことは、受験に役立つ知識やテクニックだけではない」**ということを生徒たちに伝えています。

「自分に合った勉強の仕方や、できなかったことができるようになった達成感と自信、学ぶことで広がった視野や価値観、目標に向かって努力をする経験、受験を応援してくれる家族がいること。こうしたものは、入試でたとえ不合格になっても失われないし、今後の人生に生かすことができる」と話しています。それらが、受験勉強を通して得られる価値だと私は思うからです。

保護者の方々も、ご自身の言葉でお子さんに気持ちを伝えていただければと思います。**何を伝えたらいいかの正解はありません。**お子さんのことを一番わかっている保護者の方々が、愛情を込めて伝える言葉は、目先の合否に関係なく、心に残るものになるはずです。

まとめ

- □ 受験は倍率の高さよりも、競う相手によって、合格の可能性が左右される。
- □「安全校」は存在しない。合格可能性の高い学校でも、不合格はあるものと想定して受験プランを考えておく。
- □ 合否分岐点の受験者が最も多い。「あと1点」で合否が分かれる。
- □ 合否にはメンタルの影響も大きいため、親は精神面でもサポートする。

受験プラン（併願パターン）の重要性

✓ 受験の仕方によって結果が変わる
✓ わが子に合った受験プランを立てる

受験プランが合否に影響する

どの学校をどんな順番で受けるか、受験校の合否の結果によって、その後の受験校をどうするかという計画のことを、**「受験プラン」**または**「併願パターン」**と呼びます。

私立は学校ごとに受験日が異なりますし、同じ学校でも2回、3回と複数回受験日を設けている学校もあります。複数校の受験プラン、併願パターンをどう組んでいくかによって、受験の流れが変わります。

たとえば、1回目の入試で不合格になったとします。「この学校でダメなら、ここより偏差値の高い学校は受かるわけがない」と落ち込む子もいれば、「受験は甘くないことがわかった。ここはもともと挑戦で受験したのだし、本命校の受験日まで、今まで以上に勉強しよう」と腹をくくる子もいます。

子どもの力を存分に発揮させるために、どう受験プランを組むかを考えるのは、保護者の方の重要な役割のひとつです。

もちろん塾からは、本命校に合わせた複数の併願パターンの資料が配られます。でも、提示された併願パターンのどれにするか、どうアレンジするかを決めるのは親の役目です。わが子の性格をいちばんよくわかっている親御さんが、お子さんとよく話し合って組んでいきましょう。

受験プランを組む際の基本的な考えには、3つのコツがあります。

コツ1 早めに合格できそうな学校を受験する

まずは**受験日が早めの学校で、無理なく合格できそうな学校を受験する**ことをおすすめします。

実力からすると余裕のある学校であっても、模試ではなく本物の受験で合格をもらえたというのは自信につながるものです。また、受験本番の緊張感に慣れておくことで、その後に受ける学校で想定外の事態が起こった際にも、落ち着いて対処できる可能性が高まります。

コツ2 入試傾向が異なる学校を選びすぎない

志望校選びの段階では、視野を広げていろいろな学校を検討することで、子どもに合った学校の発見につながります。でも、あまりに入試傾向が異なる学校を複数受験すると、それだけ過去問をやり込む時間がかかってしまいます。**可能であれば、入試傾向が近い学校を選ぶといい**でしょう。

さらに言えば、複数の学校を1回ずつ受けるよりも、同一の学校を複数回受験することをおすすめします。同一校を複数回受験することで合否判定の際に加点をしてくれる学校や、受験料を割引してくれる学校もあるので、調べておきましょう。

コツ3 合否によってそれぞれプランを組んでおく

A校に合格できたら、次に受験する学校はB校とC校、不合格だったら、次に受験する学校はD校とE校……というように、**特定の学校の合否によって、その後に受ける学校の選択が枝分かれしてい**

くプランをシミュレートしておきましょう。最悪のシナリオを想定してプランを考えておくことで、あわてずに済みます。

▼ 合否によって枝分かれする受験プランを組んでおく

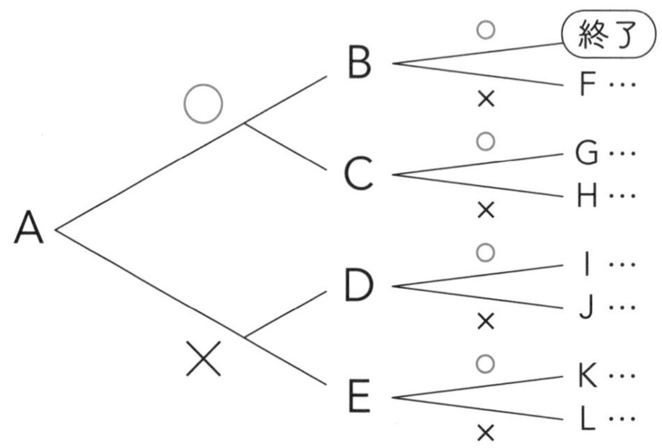

受験校を検討する際は、合格可能性80％偏差値の表だけでなく、合格可能性50％偏差値の表も見ましょう。学校によって、合格可能性80％偏差値と合格可能性50％偏差値に1ポイントしか差がない学校もあれば、5ポイントも差がある学校もあるからです。また、80％偏差値が同じポイントの学校であっても、50％偏差値表を見ると差があることがあります。

両方の表を確認することで、偏差値の幅を確認可能です。偏差値の幅が広いほど、合格できるチャンスも大きい傾向にあるということです。

まとめ

□ 受験プラン設定のコツ

①できるだけ早い受験日に合格できそうな学校を受験しておく。

②入試傾向が異なる学校を選びすぎない。

③先に受験した学校の合否によって、後に続く受験校を選択するプランA、プランBを組んでおく。

知っておきたい「偏差値」の真実

- ✓ 偏差値は便利だが、負の力もある「魔物」
- ✓ 偏差値についての思い込みや誤解がないか確認する

偏差値は受験界の魔物

わが子の学力が、今どの程度なのかを知るための基準のひとつが「偏差値」です。受験をする以上、偏差値から目を背けることはできません。でも、わが子への期待からつい熱くなり、テストのたびに偏差値を見て一喜一憂していては、受験までメンタルが持ちません。

偏差値は便利な指標であると同時に、受験界の「魔物」でもあると私は思っています。偏差値の持つ負の力に当てられた親によって、しばしば教育虐待といえるような問題が起こっているからです。子ども本人も、偏差値が上がらなかったことで、受験が終わってからも自信をなくしたまま人生を送っている子が少なくありません。

こうした悲劇は、偏差値についての誤解から生まれます。ここでは、よく誤解されがちな7つのポイントを中心に、偏差値について説明していきます。

1　中学受験の偏差値と高校受験の偏差値は別物

「偏差値50」と聞いて、どんな印象を持つでしょうか？「ふつう」と感じる人が多いのではないでしょうか。偏差値50というのは、平均ど真ん中、その模試での平均点と同じということですからね。

でも、その**「偏差値50＝ふつう」というのは、高校受験の話**です。中学受験で偏差値50を超えるのは、生半可なことではありません。

高校受験の模試は、公立中学の３年生のほぼ全員が受験するため、学力最下位層も含まれています。幅広い層の中で見た位置づけです。一方、**中学受験の模試を受験するのは小学生の学力上位層**です。

高校受験のイメージで中学受験の模試の結果を見ると、わが子の偏差値が思った以上に低く感じることでしょう。でもそれは、わが子の学力が低いのではなく、もともと学力が高い子たちの中での位置づけだからなのです。

▼ 全国レベルで見た「中学受験偏差値50」の位置づけ（再掲）

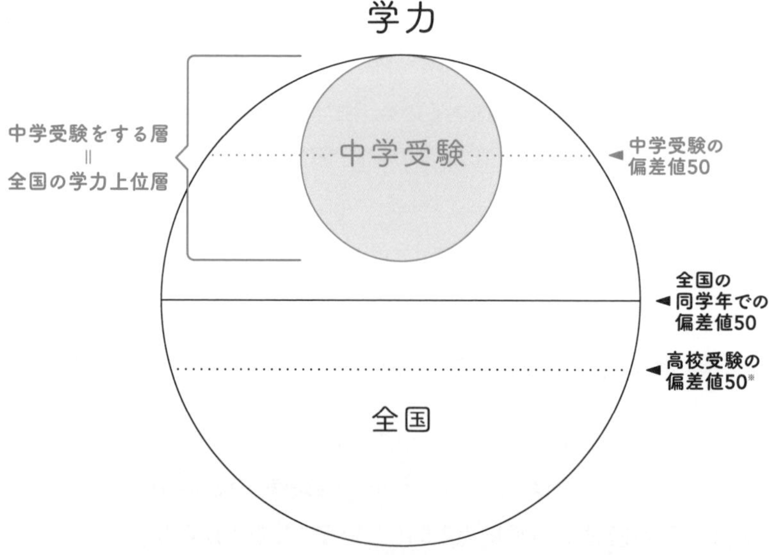

※高校受験では、中学受験者の多くが母集団に含まれていないため、全国の偏差値50よりやや下がる。

2　3ポイント程度の偏差値の違いは誤差

偏差値というのは、同じ模試を受けた人たちの中で自分の位置がどれくらいかを示す指標です。相対的なものですから、**自分自身のでき具合にかかわらず、模試を受けた人たちのでき具合や、模試を受けた人の層次第で、自分の偏差値は上下します。**

また、自信がなくて適当に書いた答えが当たったり、逆にケアレスミスでバツになったりと、それくらいのことでも点数が上下し、偏差値は変わってしまうのです。3ポイント程度の偏差値の上下は「差がないに等しい」と考え、模試の成績表が返ってくるたびに一喜一憂しないことです。

また、偏差値61の学校が、偏差値58の学校よりも合格しづらいかというと、体感できるほどの違いはありません。別の模試の偏差値表では、この2校の学校のランキングが入れ替わっていることもあります。学校選びのうえでも、数ポイントの偏差値の違いは過度に気にしないことです。

3　偏差値は模試の受験者層によって大きく異なる

市販の本や塾からの資料を見て、「この学校の偏差値、この本では62となっているけれど、塾からの資料では52となっている。どちらが本当なのだろう?」と疑問に思ったことはないでしょうか。

答えは**「どちらも本当」**です。偏差値は、受けた人たちの中での自分の位置づけですから、模試によって全く違う数値が出ます。

極端な例を挙げると、同時期に受けたサピックスオープンでは偏差値40、首都圏模試は偏差値60というように大きく違っていても、それはあたりまえのことなのです。サピックスオープンは学力上位層が受験して、首都圏模試は幅広い学力層の子が受験する傾向にあるからです(実際には、SAPIXのテストを受ける層が首都圏模試を受けることは、ほとんどありません)。

さらに言うと、首都圏模試の偏差値から20を引くとSAPIX偏差値になるといった数字操作も、意味がありません。**受ける模試が異なれば受験者層も異なりますから、異なる模試の偏差値を比べても意味がない**のです。

4 偏差値はなかなか上がらなくて当然

がんばって勉強した後に受けた模試で、偏差値が上がらないことがあります。むしろ下がってしまうこともあり得ます。

成績というのは、勉強してから成果が出るまで、3カ月はかかるものです。夏休み期間の7〜8月に一生懸命に勉強したなら、その成果は9月の模試ではすぐに出ず、10〜11月の模試で出るのです。

模試を受けるほかの受験生たちも、日々勉強をがんばっています。マラソンのレース中に自分が走るスピードを上げたとしても、周囲も走るスピードを上げたら、順位は上がらないですよね。

偏差値も同じです。現状維持するだけでも大変なのです。ですから「偏差値が変わらないから、成果が出ていない」と考えるのは誤りです。**偏差値が変わらないときは「周囲と同じくらい学力が上がっている」**のです。

▶ 偏差値で学力を測るのは危険

勉強すれば、それだけ学力は上がります。知らなかったことを知り、できなかった問題が解けるようになっているのです。**偏差値に表れなくても、学力は上がっています。**

でも、相対的なものさしである偏差値は違います。学力が上がっていても偏差値は下がるということがあるのです。勉強しているのであれば、偏差値に惑わされてはいけません。

勉強してもすぐに偏差値が上がらないのと同様に、ちょっとくらい勉強をサボっても、偏差値はすぐに大きくは下がりません。偏差値だけで勉強の成果を測ろうとすると、「自分は勉強しなくても成績が上がるタイプかも」といった勘違いにつながります。

その勘違いをしたまま勉強しないで受験期を迎えると、取り返しがつかないことになります。

5 がんばっても超えられない偏差値の壁がある

偏差値がなかなか上がらないのは「努力が足りないから」でしょうか。もちろん、努力すれば偏差値をある程度上げることはできますが、その**「ある程度」が「どの程度」なのかは、個人差がある**ように思います。

たとえば、小学校では50m走という競技がありますが、私はいくらがんばっても9秒を切ることができませんでした。ダンスも絶望的で、周囲とテンポが必ずズレて、反対の動きをしていました。

でも、運動神経が悪いかというとそうでもなく、スキーなら学校で誰にも負けないくらいでした。

人には向き不向きがあります。生物は、生まれたときに遺伝によって、すでにかなりの能力が決まっているんですよね。だから、**「これ以上、上げるのは難しい」という、超えられない偏差値の壁がある**のも事実です。

こんな話をすると「うちの子はこのあたりが限界かも……」と嘆く保護者や、「勉強ができないのは遺伝だから仕方ない」と親のせいにする子どもが出てくるかもしれません。

でも９割の子は偏差値の壁にまだまだ到達していなくて、自分に合った勉強の仕方を見つけられていなかったり、そもそもの勉強量が足りなかったりして、その偏差値にとどまっているだけです。

偏差値には、努力だけではどうにもならない領域があるのだということを頭に置いておき、がんばってもなかなか偏差値が上がらないときこそ、「努力不足だ」とわが子を責めない、親も思い詰めないでほしいのです。

6 偏差値の高さと入試問題の難しさは比例しない

偏差値の高い学校に受かるためには、相当難しい入試問題を解く必要があると思っている方が多いかもしれませんが、そんなことはありません。偏差値がさほど高くなくても難しい問題を出してくる学校もありますし、慶應義塾中等部のように、偏差値は最高レベルでも、問題はそこまで難しくない学校もあります。

入試問題が易しいということは、それだけ高得点を取らないと合格できないということです。逆に入試問題が難しいということは、それだけ低い点数でも合格する可能性が高いということです。

全体的な傾向として、**大学付属校は入試問題が易しく、大学**

付属ではない進学校、特に新興の進学校は入試問題が難しい傾向があります。進学校は、大学進学実績が生徒集めの生命線ですから、大学入試で結果を出せる子がほしいのです。

ですから、難問を解くのは苦手だけど、基本的な問題をミスなく解くのは自信がある、というタイプは、大学付属校の入試問題との相性が比較的いいといえます。

7 偏差値の高い学校ほど「良い学校」ではない

偏差値の高い学校イコール「良い学校」とはいえません。偏差値の高い学校は、「人気の高い学校」です。でも人気があるものが、わが子にとっても良いものだとは限らないですよね。

人気の映画や流行りの食べ物を体験してみて、「なんでこれが人気あるの?」と思ったことはないでしょうか。学校も同じです。多くの人が憧れる学校をめざす必要はないのです。

そもそも、学校の偏差値は学校が決めているものではなく、塾や模試会社が決めています。しかも、固定的なものでなく、株価のように変動します。株価の操作は禁じられていますが、学校の偏差値は、作為的に上げることも可能です。たとえば、受験回数を増やして1回当たりの合格者を絞る、などは偏差値を吊り上げたい中堅校がやりがちな手法です。**学校の偏差値に惑わされず、わが子が輝けそうな学校はどこか、という視点で学校選びをしたい**ものですね。

まとめ

- □偏差値は相対的なもの、数ポイントの差に一喜一憂しない。
- □偏差値に表れなくても、勉強したぶんだけ学力は上がっている。
- □「偏差値が高い学校＝入試が難しい／良い学校」といった思い込みは捨てる。

偏差値という「魔物」に呑まれないための考え方

- ✓マイナス感情が生まれそうなときには視点を変えてみる
- ✓「頭の良さ」とはひとつのものさしで測れるものではない

偏差値にとらわれすぎないために

偏差値を唯一絶対の価値観とするのは、激しい競争のレールに乗るということです。それが好きで、燃える子もいるでしょう。でも、そうでない子を私はたくさん見てきました。前のテーマで偏差値は「魔物」だと言いましたが、**「マイナス感情増幅装置」**でもあります。

熱心な親ほど、偏差値を上げるために、わが子をがんばらせようとします。でも、がんばらせようとするほど、かえって偏差値は上がらないものです。それだけならまだしも、大事なわが子が「もう塾をがんばれない……」と、心をすり減らし、自分を見失いかねません。

もしも偏差値が上がらないことにイライラしてしまうようであれば、少し見方を変えて、偏差値というものをとらえ直してみてほしいです。

偏差値からわかること

偏差値で、子どもの頭の良さを測ることはできません。このあたりまえの事実を、受験生の親になると忘れがちです。大事なわが子のことだからこそ、熱くなってしまうのです。

模試の偏差値でわかるのは、受験勉強という限られた分野の、限られた単元・範囲の中から出された、限られた角度での質問に対して、限られた時間で、どれくらい正解することができたか、ということだけです。偏差値で測れる頭の良さは、この世の森羅万象に比べれば、風呂に溜めた水からスプーンで一杯すくった程度の、ごくわずかな割合です。

偏差値が上がらずに中学受験をやめて地元の公立中に進学した子が、中学生になってから成績を上げて、有名な高校に進学し、東大に合格したといった例も少なくありません。**偏差値は永続的な評価ではない**のです。

偏差値は頭の良さを示す絶対的な指標ではない

もしも模試の制限時間が50分でなく無制限だったら、受験者の順位・偏差値はがらっと変わるはずです。**「頭の良さ」とひと口に言っても、早く正確に思考できる、頭の回転が早いタイプの頭の良さもあれば、じっくり時間をかけて深く考えられる頭の良さもある**のです。

思考のスピードと深さだけではありません。一見混沌とした複数の要素から、共通する要素を見つけて整理することが得意な頭の良さもあれば、ちょっとしたしぐさや一瞬の表情から相手の感情を読み取ることが得意な、洞察力に長けた頭の良さもあります。

世の中には、一度通った道であればだいたい頭に入っているという、頭の中にカーナビがインストールされているような人もいますよね。いつも道に迷ってしまう私からすれば、そんな方向感覚に長けている人も、なんて明晰(めいせき)な頭脳の持ち主なのかと感心します。

見たものを絵にすることが得意な人もいれば、楽器の演奏やダンスをすぐに覚えてしまう人もいます。感覚だけで身につけるものや部屋のインテリアを選んで、それがすごく調和が取れていてお洒落だというようなセンスがある人もいます。

世の中には無限に「頭の良さ」があり、偏差値以外の目に見えない無限のものさしが存在するのです。受験沼にハマってしまうと、そんなあたりまえの事実を忘れて、偏差値こそが唯一の指標だと思ってしまうものです。

いま一度、わが子にはどんな「頭の良さ」があるかを思い出してみてください。どんな子にも必ず、偏差値には表れない頭の良さがあるはずです。

偏差値での評価は「他人軸」

偏差値とは、同じ模試を受けた人たちの中で自分の位置がどれくらいかを示す指標です。ただそれだけのことで、別の模試を受ければ、別の偏差値が出ます。別の時期に同じ模試を受けても、別の偏差値が出ます。あくまで、ひとつの目安でしかないのです。

偏差値は志望校の合格可能性を判断するのに便利な一面もありますが、その志望校の過去問を解いて、合格最低点に対してどれくらい開きがあるかという確認に比べれば、合格判断の信(しん)ぴょう性(せい)で劣ります。

偏差値は絶対的なものではなく、ひとつの指標、見方にすぎないのです。それなのに**偏差値でわが子を評価するのは、「他人軸」でわが子を評価する**ことです。

自分の人生を楽しんでいる人は他人軸ではなく、自分軸で生きています。お子さんは偏差値が上がらなくても、勉強を通じて得られているものがあるのではないでしょうか。

学ぶ楽しさを見出したり、わかったときの快感を知ったり、好きな科目や単元に出合うことができたり、視野が広くなったり……そんな変化が起こったならば、それは偏差値が上がったことよりも将来にわたって価値のあることだと私は思います。

勉強を楽しむ工夫ができているか

論語に次のような言葉が残されています。

「これを知る者はこれを好む者に如かず。これを好む者はこれを楽しむ者に如かず」

物事を知っている者は、それを好んでいる人には及ばない。物事を好んでいる人も、それを心から楽しんでいる者には及ばないという意味の、孔子の言葉です。

努力は夢中には及びません。楽しむことが最強です。偏差値という「他人軸」で競争のレールに乗るだけでなく、学ぶおもしろさを追求する「自分軸」を持つことで、人生がぐっと豊かになっていくと私は思います。

これは、理想論ではありません。現実的な話として「偏差値を上げるために」とがんばるよりも、**「どうしたら勉強を楽しめるようになるか」という工夫をがんばるほうが、結果的に偏差値が上がる**のです。塾のトップクラスの、その中でも成績上位層の子たちは、勉強を楽しんでいます。

学ぶことは本来楽しいものです。小学校低学年くらいまでは、みんな勉強のおもしろさを知っていたはずです。偏差値という魔物にとらわれずに、「学ぶことっておもしろい！」と思い出してくれる子がひとりでも増えることを、私は祈っています。

まとめ

- □ **世の中には無限の「頭の良さ」がある。偏差値で測れるものだけではない、わが子の「頭の良さ」に目を向ける。**
- □ **偏差値にとらわれるのは「他人軸」でわが子を評価すること。**
- □ **偏差値を上げるための努力ではなく、勉強を楽しむ工夫をすることが大切。**

公立中高一貫校のメリットと受検の注意点

✓ 私立中の入試とは根本的に違う「適性検査」
✓ 向かない子のタイプを知って、わが子に合うかを検討する

私立中とは根本的に違う公立中高一貫校

塾講師をしていると保護者から「うちの子、公立中高一貫校を受けさせてみようかなと考えているんです。小石川なんていいかなと思うのですが……」というような相談を受けるのは、塾業界あるあるのひとつです。私立中に比べると、公立中は対策が簡単そうなイメージを持たれている方が多いようですね。

しかし、都立小石川は都内の公立中高一貫校11校の中での最難関校です。「お昼はカップ麺でいいかな」的なノリで「小石川なんていいかな」というような心構えでは、受かりません。最難関の小石川でなくても、公立中高一貫校はどこも4倍程度の高倍率です。**しっかり対策をして受検に臨んでも、4人に1人しか受からない**のです。

ちなみに、公立中高一貫校の入試は「受験」でなく、**「受検」**という漢字を当てます。言葉も違うように、私立の入試問題と公立の入試問題は、根本的に異なります。

では公立中高一貫校の受検とはどのようなものでしょうか?
まず、公立中高一貫校を受検するメリットから、紹介していきましょう。

▶メリット1　授業料が前期課程（中学校）無料

公立中高一貫校には、公立でありながら特定の分野に特化したカリキュラムがあるなど、私立中に引けを取らない教育環境で学ぶことができます。各学校の特徴を調べてみると、おもしろいです。

また、お子さんにより良い教育環境を与えてあげたいという気持ちがあっても、私立中に通わせる場合、経済的な負担がどうしても大きくなります。その点、**公立中高一貫校ならば入学後３年間の授業料は基本的に無料で、後半３年間も一般の公立高校と同程度**です。私立と比べて、中高の６年間でかかる費用が大きく変わってきます。

▶メリット2　入学時から校風への適性が高い

合格しても、「いざ入学してみたら校風が合わなかった……」とならないか心配なところですよね。でも、**公立中の「適性検査」は「その学校に合うか」を検査するためのもの**です。学力を判断する私立の入試問題とはそこが違います。合格すれば、その学校に合う可能性が高いといえるのです。

▶メリット3　対策期間の短さ

私立中の受験勉強は小３の２月からが基本です。一方、公立中は、適性次第で、小６からの勉強でも合格可能です。逆にいえば、小３から公立中高一貫校の対策をしたところで、その対策期間の長さに比例して合格可能性が高まるわけではないということです。

「適性検査」の名前の通り、**向き不向きで結果が大きく変わる**のが公立中高一貫校の受検です。そのため、自分の子どもが「受検」に向いているかどうか、慎重に判断する必要があります。

私が適性検査にあまり向いていないと感じるのは、次のようなお子さんです。

精神的に幼く、論理的に物事を考えられない子

公立中では「小学校の学習指導要領を超えた内容」の選抜試験ができないことになっています。そこで「適性検査」と称して、受検者の思考力や表現力を問うのです。「適性検査」は、易しい問題ではありません。**社会のできごとへの関心が高く、論理的に物事を考えることができないと点が取れません。**

たとえば、今社会で話題になっていることを3つ、すぐに挙げることができるでしょうか?

そしてそのできごとの課題と解決策を、筋道立てて話すことができるでしょうか?

何も言えないという子は、今の段階ではまだ公立中高一貫校受検を考えるのは早いように思います。

文章を客観的に書くことが苦手な子

「自分の体験をもとに、400字で答えなさい」といった記述問題が多いのが適性検査の特徴です。「書く力」はあっても、「体験談」を書けない子も多いのです。そのため、**いろいろな体験をしている子が有利**になります。

ただ、あまり多くの体験をしていない場合も、あきらめる必要はありません。家族や友人との会話、本などを通じて「疑似体験」を多くする

ことでカバーすることは可能です。

ここまでの話を聞いて、「うちの子は向いていそうだ」「やっぱり親子で受検に挑戦してみたい」と思われた方もいらっしゃるかと思います。

公立中高一貫校を受検しようと思ったら、多くのお子さんは公立中高一貫校対策を行っている塾に通うことになるはずです。

そこで、このテーマの最後に、**入塾前に説明を聞きに行っても、おそらく塾側は話さないであろう注意点**をお教えします。これまで保護者セミナーで私が何回もお伝えしてきた内容で、「先に聞いておいてよかった」と言っていただけることが多い話です。

「適性検査」は対策しづらい

公立中の適性検査は、私立入試とは大きく異なります。適性検査は「学力試験」ではないので、国語や算数といった科目の概念がありません。たとえば、ニュースについての関心や問題意識、豊かな感性や鋭い観察眼を持っているかなどが試されます。

それだけに、**「このカリキュラムで学習すれば合格できる」という決定打がない**のです。模擬試験の偏差値通りの結果が出るというものではないため、合否を読みにくいという特徴があります。

模擬試験が返却されて模範解答を見ても、自分が書いた作文のどこをどうすればもっと点数が取れたかが詳しくわかるわけではありません。つまり、**「解き直し」がしづらい**のです。このあたりが私立の入試対策のようにはいかない点です。

公立中高一貫校対策塾は、不合格前提の運営

公立中高一貫校の受検は、競争倍率が高く、対策がしづらく合否も読みにくいことから、塾側も不合格前提の運営にならざるをえません。そこで、公立中高一貫校対策の大手塾は、公立中受検をした子が不合格になった場合、中１の間は授業料無料キャンペーンを打ち出して塾に通い続けてもらう方針をとることが多いです。そのぶん、中2、中3で収益に貢献してもらうという経営戦略をとっているわけです。

結果的に私立中に進学するケースも多い

受検時期が近づいてくると塾の講師から、**適性検査型の入試を採用している私立も合わせて受けないかと提案をされる**ことがあります。

「せっかくここまで勉強してきたのに、不合格という結果だけで終わってしまったら、かわいそうじゃないですか。進学しなくてもいいので、適性検査型の入試を採用している私立も合わせて数校受けて合格をもらって、『合格したけど行かない』で地元の公立中に進学すれば、前向きに通うことができると思いますが、いかがでしょうか?」

塾の講師にこう言われると、「確かに」と思ってしまいますよね。そして、**今まで考えてもみなかった適性検査型の入試を採用している私立を受験することになる**のです。

「合格した学校もある」という事実づくりのために受けた学校であっても、そこが唯一受かった学校であれば、輝いて見えます。改めて学校案内やWebサイトを見ると、意外と良さそうだなと感じてくるものです。

結果的に、プランになかった私立に進学することを選ぶのです。

ただし、当初は公立中高一貫校しか考えていなかったご家庭の場合、授業料の支払いが困難になることや、私立の校風に馴染めずに外部高校の受験を検討することもあります。

私立中から外部の高校を受験するとなると、先生から止められたり、内申点が取りづらかったりする学校もあるなど、逆風を覚悟しないといけません。

適性検査型入試の私立中を併せて受ける場合には、**「公立中高一貫校に落ちたら行く」「受かっても行かない」「そもそも受けない」と事前にスタンスをしっかり決めておく**ことが、公立中受検を成功させる条件です。

公立中高一貫校は「宝くじ」なのか

ここまで読んで、「公立中高一貫校の受検って大変そう……」と思った方も多いのではないでしょうか。実際、塾業界で公立中高一貫校は、その倍率の高さから「宝くじ」と呼ばれています。

でも私は、大局的には公立中高一貫校受検を肯定するスタンスです。**公立中高一貫校受検のための勉強を通じて得られるものは、一生を左右する糧(かて)になります。**

公立中高一貫校受検のための勉強に、暗記の要素はほとんどありません。そのかわり、身の回りで起きていること、社会で起きていること、自然のできごとなどに関心を持って観察して考え、その考えたことを言葉にして筋道立てて他者にわかりやすく伝えるという学問の本質に取り組むことになります。

そのような経験を、感受性が強く、吸収力の最も高いゴールデンエイジと呼ばれる年頃に積むことができるというのは、合格・不合格という結果よりも、ずっと価値があることだと思うのです。

たとえ不合格であっても、「今この瞬間においてはその学校に合わない」というだけです。**物事の本質に迫る勉強のおもしろさを発見して取り組むことで得られる思考力、文章力はこれからの人生を支える土台になります。** それこそが、公立中高一貫校の受検の意義だと思うのです。

まとめ

- □ 公立中高一貫校は、適性検査との相性が合否を左右するため、わが子の向き不向きをよく検討する。
- □「適性検査」は対策が難しく、倍率も高いため、不合格の可能性を頭に入れて臨む。
- □ 適性検査の勉強を通して得られる観察力や思考力、それを伝える文章力は一生の糧になる。

コラム 1

Q 今後の日本社会では中学受験したほうが有利？

A 中学受験をしたほうが有利な側面はあります。

でも、それは中学受験でなくても、習い事やほかの取り組みにもいえます。**何事も、しないよりもしたほうが学びを得られるので、「中学受験をしたほうが有利」になる**ということです。

とはいえ、小学校低学年のうちからまだ適性も見えていないのに、とにかくSAPIXに入塾させることを親の使命のように考える方が多い風潮には、「いったん、冷静になりましょう」と言いたいですけどね。

▶ 今後は偏差値よりも専門性が問われていく

私は今後、偏差値55の学校に進学するよりも、偏差値60の学校に進学するほうが有利になるというような、偏差値による差は縮まっていくと考えています。偏差値は受験科目の成績を表す数値にすぎないですからね。

将来、官僚などのエリートをめざすのであれば別ですが、**これからは専門性を高めていくことが自身の市場価値を高めます。**そこで、どんなことをどう学ぶかが大事になってきます。

お子さんが中学受験の勉強を通じて、「こんないろいろな知識はいらないし、興味が持てない。それよりも、受験勉強を通じて歴史にハマったから、歴史をもっと勉強したい」というような気持ちになったら、そこで中学受験の勉強をやめて、歴史の本を与えたり、歴史的な場所

（名所旧跡など）へ一緒に行ったりするなど、協力する姿勢がわが子の可能性を広げることになるのではないでしょうか。

あるいは、受験勉強はつらいけど、どうしても入りたい学校があるからと、努力し続けて受験当日を迎えることができれば、その学校の合否よりも、目標に向かって全力を出し切ったという経験が今後のやり抜く力になります。

偏差値の上下に一喜一憂するのではなくて、**勉強を通じて、成績の変化以外に得られるものがあるかを注視する姿勢**を持てると、今後の日本社会で個性を発揮して生きていくことにつながるのではないかと思っています。

そもそも「これが正解」というのはない

多くの親御さんは、日々迷ったり悩んだり自信をなくしたりしながらも、一生懸命にわが子を手助けし導いておられることと思います。人生に「これが正解」はないのですから、それぞれの道を模索し続けなければなりません。

逆に、「これについてはこれが正解」というふうに自信を持って決めつけてしまうことのほうが、そうならなかったときには軌道修正が困難になります。お子さんと一緒に試行錯誤しながらも目標に向かって歩んでいけますよう、応援しています。

第2章

中学受験をするなら保護者が準備しておきたいこと

学年別の学習サポートと情報収集【小学1〜3・4年生】

✓ 中学受験は早く始めれば有利というわけではない
✓ 小学校低学年のうちは「体験」が最優先

いざ中学受験を考えたとき、「どの時期に何をやっておくか」はとても重要なことです。このテーマでは、各学年でやっておきたいことをお伝えしていきます。

まずは、小1〜3と小4の低・中学年の間にやっておきたいことをお伝えします。やるべきことのイメージは、下図をご参照ください。

小学1〜3年生　焦って入塾しない

昨今、首都圏など中学受験率が高いエリアだと、幼稚園を卒園するタイミングで、塾に通いやすい場所に引っ越して、小学校入学と同時に中学受験勉強スタートというご家庭も少なくありません。

▼ 小1〜3と小4でやっておきたいこと・情報収集

	子どもがやっておきたいこと	保護者の情報収集
小1〜3	●さまざまな体験 ●家で勉強する習慣をつける ●基礎学力をつける	●最近の中学受験事情 ●近隣の中学受験専門塾 ●通学圏内の中高一貫校
小4	●通塾開始！ ●習い事の整理 （親がサポートする）	●塾の年間スケジュール ●今後の出費のシミュレート ●志望校の学校説明会やイベント日程

実際、SAPIXでは小学1年生から満席で募集停止の校舎も出てきます。中学受験塾に通わせないまでも、小学1年生から公文式、七田式、そろばんなど勉強系の習い事、進研ゼミやZ会などのオンライン教材、市販のドリルやワークなどで中学受験準備をスタートするのが一般的になっています。

そんな中学受験勉強につながる勉強を早くスタートすれば、そのぶん受験に有利になる……とはいかないのが、中学受験の難しいところです。

中学受験の内容は広く深いものばかりです。それなら、早いうちから勉強をスタートしなくては……と思うかもしれません。でも、実体験の土台がないままに詰め込んだ知識は身につきにくく、知識をもとに思考を広げたり深めたりすることができません。

中学受験勉強は早くからスタートすればそれだけ有利だとは限らないのです。実際、中学受験専門塾の成績上位クラスは、小4以降に新たに入塾してきた子たちが占めるというのが実態です。

▶ 小学校低学年のうちは「体験」を最優先

そこで、**小学校低学年のうちは、さまざまなことに興味関心を向けさせ、体験させることをおすすめします。**「体験」といっても、非日常体験である必要はありません。

たとえば、料理の手伝いをするとか、散歩中に見つけた虫や草花を図鑑やスマホで調べるとか、スーパーに一緒に行って商品を選ばせたり、値段をチェックさせたりなど、日常から学べることはいくらでもあります。

小学校低学年のうちは、受験勉強よりも、日常から学ぶ姿勢を大切にしてほしいと思います。その姿勢が後になって、成績が伸びていく要因になります。

また、学校で学んだことを定着させるために**「宿題をきちんとやる」**という基本的な学習習慣も身につけておきたいです。小3、小4で入塾してくる子の中には、学校で習っている範囲の漢字の読み書きや計算が身についていない子が珍しくありません。

中学受験塾に入る前に、決まった時間に家で勉強する習慣をつけて、「小学校の勉強はほぼ完璧」という状態をめざしたいです。

▶ 小学校低学年の保護者が行う情報収集

小学校低学年の保護者が行う情報収集としては、次のことを調べ始めることをおすすめします。

- 最近の中学受験事情
- 近隣の中学受験専門塾
- 通学圏内の中高一貫校

中学受験事情は私のYouTube動画でも情報収集可能ですが、YouTubeはあくまで個人で発信しているものであり、正確性よりエンタメ性が求められるメディアです。

そこで、**本書はもちろん、比較的新しい「中学受験をテーマにした本」も数冊読んで、最近の中学受験がどういうものか、偏りのない知識をつけてもらいたい**と思います。

小学4年生　習い事の整理をする

中学受験において、30年前は小4の2月、すなわち塾の新小5となる新年度からの入塾が一般的でした。現在では、塾の新小4の新年度からの入塾が一般的になっています。つまり、小3の2月からが、本格的な中学受験勉強スタートとなります。

そこで、中学受験塾に入塾する前に、これまでの習い事を続けるかどうかを検討する必要があります。

とはいっても、**必ずしもすべての習い事をやめて、中学受験塾での勉強に専念するのはおすすめしません。**習い事のおかげで、ストレス発散になったり、中学受験塾では培うことができない能力が高まったりと、メリットも大きいからです。

お子さんがあまり乗り気でなく、惰性で通っている習い事や、1週間のすべての曜日が塾と習い事で埋まってしまうのであれば、優先度の低い習い事は中学受験塾への入塾を機に整理しましょう。

中学受験塾への通塾が始まると、生活が大きく変わります。

週2回、17時頃から20時頃まで授業というのが大手学習塾の一般的な時間割です。通塾は週2回ですが、宿題や自宅での復習をする時間も必要です。

そこで、宿題や週2回の授業の復習に何曜日のどの時間帯に取り組むか1週間のスケジュールを立てて、調整しながらわが子の学習サポートを進めていくのが親の役割となります。

▶ 小学4年生の保護者が行う情報収集

小学4年生の保護者が行う情報収集としては、次のことを調べることをおすすめします。

- 入塾した塾の年間スケジュール
  （講習会や保護者会、保護者面談の日程）
- 受験に関わる今後の出費のシミュレーション
- 志望校の学校説明会やイベント日程

塾通いがスタートしたら、その塾の年間スケジュール、季節講習会や保護者会などがいつ行われるか、日程を把握しておきましょう。そして、今後、塾代がどのくらいかかるか、入試にかかる費用、入学金も含めて、今後かかる費用をシミュレートする必要もあります。**塾代はオプション講座など想定外の費用もかかるので、想定の1.5倍をイメージしておく**とあわてなくて済みます。

志望校探しと、その学校の説明会や文化祭にも行き始めたいです。人気の学校はあっという間に満席になってしまいますし、小6になると、週末も模試や特別授業があったりするなど、行ける日が限られてきます。小4段階での志望校は、偏差値は気にせず、理想の学校を探してくださいね。小4での偏差値は今後変わっていきます。

まとめ

- □ **小学校低学年のうちは、できるだけ多くのことを体験させることを優先する。**
- □ **入塾は新小4の2月が一般的。そのタイミングで習い事の整理を。**
- □ **わが子の学年に応じて、情報収集を進める。**

学年別の学習サポートと情報収集【小学5年生】

- ✓ 中学受験勉強において、小5は最重要学年
- ✓ 塾の宿題や復習は取捨選択する

小学5年生になると、中学受験準備がいよいよ本格化します。やるべきことのイメージは、下図をご参照ください。

小学5年生 受験における最重要学年

小学校低学年からわが子を中学受験塾に通わせていると、小4に進学したとたんに「急にこんなに難しくなるの?」「こんなに勉強することが増えるの?」と驚く方が多いと思います。

でも、小3と小4の学習内容のギャップよりも、小4と小5の学習内容のギャップのほうがさらに大きいのです。

▼ 小5でやっておきたいこと・情報収集

	子どもがやっておきたいこと	保護者の情報収集
小5 5 受験の最重要学年!	・各科目、各単元の基礎理解 ・宿題や復習は取捨選択	・志望校選び ・学校説明会やイベント参加 ・家庭教師選び

中学受験勉強において、小５は最重要学年です。小５の授業内容は前学年とのギャップが最も大きく、そして最も入試に出題される内容になっています。もしも小５の学習内容を完全にマスターしたら、後は入試問題を解く要領を身につけるためのトレーニングを積めば、難関校でも合格できると言っていいくらいです。それくらい、小５の勉強内容は高度で、広範囲に及びます。

この頃になると、ほとんどの子は、塾の宿題、復習をやりきれなくなってきます。大手塾は、トップ校にターゲットを定めて、成績上位２割の塾生に向けて、カリキュラムやテキストを作成し、授業を行っているからです。

▶ 中学受験から撤退する家庭も増えるのが小５

多くの親は、子どもの勉強時間を増やすことで、宿題、復習に取り組ませようと考えます。それでも、小５の勉強は膨大なので、やりきることができません。そうなると、塾以外の習い事をやめさせ、さらに睡眠時間を減らしてでも、塾の勉強に取り組ませようとやっきになります。

こうなってしまうと、子どものメンタルや体力が消耗して、勉強に取り組む集中力も落ちてきます。**勉強時間を増やしているのに、成績が下がっていくという負のスパイラル**に陥ってしまうのです。

ついには、子どもに身体的な症状が現れて、そこで初めて「わが子の将来の幸せを願って始めた中学受験勉強だったけど、こんな状態ではもう受験は無理」と我に返って、中学受験撤退……そんなケースが少なくありません。

▶ すべて行うのは無理、必要なものを取捨選択

そこで、知っておいていただきたいことは、**宿題や復習は、すべてやりきるのはもともと無理があるので、取捨選択して取り組むものだ**ということです。では、どう取捨選択すればいいかというと、

- 各科目各単元の基礎を理解すること
- 基礎を理解したら例題を解けるようにすること

この二点です。基礎を理解して、例題を解けるようになれば、その先の基本問題、応用問題、発展問題は今すぐに手をつけられなくても問題ありません。小6になってから、また学習することになるからです。そのときに、**小5で基礎を理解してさえいれば、小6になってから巻き返すことが可能**です。

▶ 小学5年生の保護者が行う情報収集

小学5年生の保護者が行う情報収集としては、次のことを調べることをおすすめします。

- 志望校
- 学校説明会やイベント日程
- 家庭教師

小5になってからの志望校は、小4までの理想を追求した学校選びから、現実的になります。第一志望、第二志望、第三志望の学校……と、順位付けする必要はありません。「ぜひ行かせたい学校」「良さそうな学校・気になる学校」の2グループくらいに分けて、志望校選びを進めておきたいです。学校説明会も引き続きチェックです。

また、首都圏だとSAPIX、Gnoble、関西圏だと浜学園など、**面倒見を売りにしていない塾に入っている場合は、家庭教師も調べておくといい**でしょう。

取り組む問題の取捨選択を指示してくれたり、授業で理解できなかった内容をわが子にわかるように教えてくれたりする家庭教師は頼りになるものです。

ただし、家庭教師は、玉石混交、石多め（!）なので、必要に迫られてから探しても、いい先生を見つけるのは困難です。たとえ見つけられても、すでに担当コマが一杯で、新たに生徒は募集していないケースが多いです。**早めにコンタクトを取って、単発の指導を受けて、必要なときに指導してもらえる状態にしておくと安心**です（良い家庭教師の選び方は227ページからをご参照ください）。

まとめ

- □ **小5は受験の最重要学年。学習事項をしっかり身につける。**
- □ **宿題や復習は、取捨選択をしてやりきろうとしない。**
- □ **現実的な志望校選びや家庭教師のリサーチを始める。**

学年別の学習サポートと情報収集【小学6年生】

✓ 過去問やオプション講座は基礎固めができてから
✓ 意識的に肩の力を抜くことが大切

小学6年生　今までの集大成

大手学習塾の小6のカリキュラムは、前半は小5までで習っていない単元の学習、夏期講習ではこれまでの総復習、9月からは入試問題演習となります。小4から小5に進級したときのような、一気に勉強内容が高度になり、量も増えるというようなことはありません。夏までは小5までの授業の延長線、**後半からは「教わる」というよりも「解く」**ことが多くなります。

小6のやるべきことのイメージは、下図をご参照ください。

▼ 小6でやっておきたいこと・情報収集

	子どもがやっておきたいこと	保護者の情報収集
小6 6 今までの集大成	●弱点科目・単元の復習 ●10、11月からの過去問演習 ※ただし、小6の早いうちに解かずに「見るだけ」はしておく! ●実力に応じて模試を受ける ●特定校対策講座受講 ※ただし、通常授業の復習ができている前提!	●10、11月には現実的な受験プランを組む ①入試日 ②合格発表日 ③入学金納入締切日 (①〜③)一覧化 ●志望校の入試問題研究 ※すべて完璧にサポートはできないという割り切りが大切!

私が小６生の保護者から受けるご質問で多いのが、次の三点です。

- 入試過去問はいつからどれくらい取り組めばいいのか
- 模試はどれくらい受けさせればいいのか
- 塾の特定校対策講座は受講させたほうがいいのか

ひとつずつ、説明していきます。

▶過去問は秋以降の取り組みでいい

まず１つめの「入試過去問はいつからどれくらい取り組めばいいのか」ということは、塾、先生、科目によって「取り組むのは早ければ早いほどいい」「11月からで十分だ」と、意見が分かれるので、迷われる保護者が多いのです。

私の結論としては**「過去問に取り組むのは11月からでも遅くはないが、志望校の入試ではどんなことをどんなふうに出すのかということは小６になったら知っておきたい」**というものです。

塾のテキストはさまざまな学校の入試問題をもとに作成されているので、授業を受けることが入試対策となっています。学校ごとに入試の出題傾向は異なるものの、必要となる基礎知識の大半は共通です。

また、そもそもほとんどの子は、まだ「解く」というアウトプットよりも「覚える」「理解する」というインプットが足りません。その状態でいくら入試問題を解いても、ただの点数チェックで終わってしまいます。そこで、**過去問に取り組み始めるのは、ある程度インプットが進んだ10、11月からで十分**です。

▶ 過去問を「見るだけ」なら早めに見てOK

ただし、「覚える」「理解する」というインプットをするには、**入試ではどのような形で問われるかというゴールを知っておくと、効率的に学習を進められます。**

入試でどう問われるかということを知ったうえで、勉強に取り組むことで、ただ知識を丸暗記するのではなく、「これは、もしかしたらこんなふうに聞かれるかもしれないから、そう聞かれても答えられるようにしておく必要があるな」という意識が働いて、深い理解、別の角度から聞かれても答えられる応用力を培う勉強が可能になります。そのため、**小6の最初の時期に過去問を「見るだけ」という形で触れておくことは大切**です。

▶ 過去問を解く回数の目安

過去問は、以下の目安で解くといいでしょう。

- 第一志望校　　：5年以内の問題を10回
- 第二志望校　　：5年以内の問題を5回
- 第三志望校以下：5年以内の問題を3回

10回、5回などの回数は、学校によって2回目入試、3回目入試などがあるので、異なる入試日の問題を解いたり、同じ問題を二度、三度と解き直ししたりした合計の回数となります。

6年以上前の問題だと出題傾向が変わっている可能性が高く、社会の地理は統計資料が古くなって最新の答えとは異なり、かえって混乱することがあるので、「5年以内」というのが目安になります。

▶ 模試の受け方は取れる点数によって判断

次に**「模試はどれくらい受けさせればいいのか」**ということについてですが、取れる点数によって判断が変わってきます。

たとえば、受けた模試で３割未満しか点数が取れないのであれば、その模試の問題レベルは現時点で高すぎです。模試を受けに行くことで、テスト会場の雰囲気に慣れるというメリットはあるものの、それより「覚える」「理解する」というインプットの時間に回したいです。

５割以上取れるのであれば、模試を受けることで弱点単元を浮き彫りにすることができるので、受ける価値があります。受けた後に、弱点単元の復習をしましょう。

ここで注意したいのが、模試の成績や志望校合格判定で気持ちを萎(な)えさせないことです。

小６になると多くの子が一生懸命勉強に取り組むので、相対評価である偏差値を上げるのは困難です。また、模試は特定の学校の入試問題傾向に合わせているわけではありません。

模試の成績がどうあれ、過去問で解いた年度の合格最低点を超えることができれば、その年度に受験したとしたら合格できたということになります。模試の成績や合格判定はあくまで目安程度に受け止め、志望校の過去問で点数を取れるようになることをめざしましょう。

▶ 塾の特定校対策講座を受ける判断

最後に「塾の特定校対策講座は受講させたほうがいいのか」とい

う質問への回答です。特定校対策講座は、もちろん受講すればそれだけその学校の出題傾向に強くなれるので、受講する価値があります。

でもそれは、通常授業の復習がある程度できていたらの話です。**通常授業の復習や、弱点単元の家庭学習がままならない状態なのであれば、特定校対策講座を受けるよりも、自宅学習を進めたほうが堅実に得点力を高められます。**

「教えてもらってわかるようになる」ことと、「実際にひとりで取り組んでできるようになる」ことには、大きな開きがあります。集団指導に通うと「多くのことを教わったものの、実際に自分で解いてできるかどうかを確認する暇がない」ということになりがちです。

復習ができていないのに、無理に新たな講座を受講すると、かえって合格が遠のいてしまいます。復習ができていないのなら、自宅学習を優先しましょう。

自宅学習がうまく進まないようであれば、いよいよ家庭教師という切り札を切るタイミングです。これまで体験した家庭教師の中で、最も頼りになる先生に復習を手伝ってもらいましょう。

▶ 小学6年生の保護者が行う情報収集

小学6年生の保護者が行う情報収集としては、次のことを調べることをおすすめします。

- 志望校の入試日、合格発表日、入学金納入締切日
- 志望校の入試問題

小6の10〜11月には、「受験プラン」を組んで、「受験校」として

願書を出す準備をしていくことになります。偏差値をもとに次のようにグループ分けをして、受験する学校を決めていくといいでしょう。

- チャレンジ校　……直近の模試偏差値＋５ポイントまでの学校
- 第一志望校グループ……直近の模試偏差値と同程度の学校
- 第二志望校グループ……直近の模試偏差値－３ポイントくらいまでの学校
- 第三志望校グループ……直近の模試偏差値－５ポイント以下の学校

志望校の入試日を把握して、たとえば２月１日の午前はＡ校、午後はＢ校、２日はＣ校、３日は１日のＡ校が受かっていたらＳ校、受かっていなかったらＡ校２回目……というように、受験プランを組んでいきます。

受験プランを組む際は、入試日だけでなく、合格発表日と発表時間、入学金納入締切日も確認して一覧化しておきましょう。

また、志望校の入試問題も研究しておきたいです。**あまり異なる傾向の入試の学校は避け、似た出題傾向の学校を受験すると入試対策が分散しなくて済みます。**進学校と付属校、伝統校と新興校など、学校の形態やカラーが近い学校は入試問題傾向も近い傾向があります。

▶すべて完璧にサポートするのは不可能と割り切る

さて、学年ごとにお子さんのサポートについて紹介しましたが、**すべて完璧にサポートできる親はいません。**それどころか、自分のサポートの至らなさに自信を失っている親御さんがほとんどです。それは、中学受験は特殊な世界であり、ほんの一部の子以外にとっては成果を出しづらい構造となっているからです。

中学受験はどこの学校に合格して入学するかということよりも、勉強を通じてお子さんがどう成長するかということのほうが大事です。

より高い偏差値の学校に受かることをゴールにすると、親子ともに精神的にも体力的にもつらくなっていきます。成績はそう簡単には上がらないもの、偏差値の高い学校よりも、わが子に合った学校のほうこそ価値がある、そう割り切って、中学受験の勉強をいかに楽しめるかを工夫するほうがハッピーになれます。

自転車に乗るとき、肩と手に力を入れすぎるとうまく運転できませんよね。子どものサポートも同じです。**「力が入りすぎているな」と思ったら、深呼吸をして、肩の力を少し抜いて、「中学受験でなくても高校受験でもいい」。それくらいのスタンスでわが子に向き合ってもらえたらと思います。**

まとめ

- □ 過去問に取り組むのは秋以降でOK。ただし「見るだけ」なら早めに小6になったら見ておくとよい。
- □ 模試や塾のオプション講座は、既習範囲の理解度に合わせて受けるか受けないかの取捨選択を。
- □ 肩に入りがちな力を、意識的に抜く。

志望校の選び方10の視点（前編）

✓ 志望校を選ぶ際に何を考えるべきかを把握する
✓ 見落としがちなポイントや、具体的な注目点を確認

首都圏の場合、都内にある私立中は190校近く、神奈川、埼玉、千葉を加えると約300校にもなります。そこで、これから志望校探しをする方のために、志望校の選び方について10の視点を紹介します。

志望校の選び方1　自宅からのアクセス

まずは、自宅からのアクセスです。私は保護者から通学時間の目安を聞かれた際は、**「1時間以内」**と答えています。ただし、**通学時間以上に、通学経路・通学手段が、通学の負担に影響**します。

たとえば電車通学の場合、上りと下りでは、電車の混み具合が全然違います。混雑する路線であっても、始発駅から座って行けるのであれば、ずいぶん楽ですよね。

私は高校時代、電車で片道1時間近くかけて通学していましたが、下りで座れたうえに乗り換えもなかったので、高校3年間で数百冊の本を読むことができました。その読書体験が、今の私につながっています。

乗り換えがある場合、乗り換えの回数やどんな乗り換えになるかにも注意が必要です。ホームの反対側に移動する程度の乗り換えなら負担は軽いですが、階段を何度も上がり下がりして長い距離を

移動するような乗り換えがあるのは負担が大きいです。

教え子の中には、入試で初めて朝の時間に電車に乗って学校に行き、通勤ラッシュに巻き込まれたという子がいました。受験を終えて塾に来て、「あんなにキツいと思わなかった。あの学校には受かっても行かない……」と、大変さを思い知った様子でした。駅や車内の混雑ぶりは時間帯によって大きく変わりますから、実際の通学時間に行ってみないとわからないものです。

志望校候補の学校すべてに実際に行くのは大変なので、首都圏にお住まいであれば「首都圏模試センター」のWebサイトの学校データベースを活用して、自宅付近にどんな学校があるかを調べるところから始めることをおすすめします。

志望校の選び方2　校風

2つめは、校風です。私は、**校風が志望校選びでいちばん大事な視点**だと考えています。

私立中には学校ごとに「建学の精神」というものがあって、カラーがそれぞれ異なります。わが子に合いそうな学校はどこか、校風という視点での学校選びを重視してほしいと思いますし、それが公立中ではなく私立中を選択するメリットだと思います。

学校の数だけ校風は異なりますが、校風を判断するためのわかりやすいひとつの軸を紹介します。それは、**「自由型」か「管理型」か**ということです。

「自由な校風の学校」というと、なんだか良い響きですよね。でも、自由な校風ということは、授業内容を理解できていなくてもフォローがなかったり、自分から動かないと先生のほうから何かしてくれるわけではなかったりするという側面もあります。

学校が「自由型」か「管理型」かは、学校のホームページや、学校説明会の際の個別相談会で質問することで知ることができます。絶対というわけではありませんが、**新興進学校、仏教系の学校、カトリック系の学校は校風が「管理型」寄りの傾向がある**ように思われます。

▶ 校風を知るカギは学校説明会

校風を知るには、学校説明会で「何から話されるか?」に注目することです。体育祭の様子を撮影した動画を流すところから始まる学校もあれば、過去3年間の大学進学実績の伸びを棒グラフで示すプレゼンから始まる学校もあります。中には、校長の英語スピーチから始まった学校もありました。

学校説明会で最初に紹介されることは、それによって関心を持った子に来てほしいという学校側の思いの表れなのです。

校長のキャラクターも、校風に密接に関係します。

私立中の教員数は20〜30人くらいです。そのくらいの人数規模の会社をイメージすると、社長の考えを色濃く反映した社風になることが想像できるはずです。

学校も会社と同じで、校長のキャラクターがその学校の先生たちに影響しますから、説明会で校長の話を聞くことで、その学校の校風を感じられるのです。

▶ 学校に行って生徒や校舎の様子を見てみる

どの学校でも9月からは、文化祭をはじめ、外部が参加可能なイベントが多くなります。できるだけ参加して、学校や生徒の様子を見てみましょう。**そこで感じる学校の雰囲気こそ、校風**と言えます。

学校に行った際には、トイレにも行ってみてください。**トイレが清潔に保たれている学校は、生徒指導もしっかり行き渡っている**と考えられます。

「割れ窓理論」といって、1枚の割れた窓ガラスをそのままにしていると、さらに割られる窓ガラスが増え、いずれ街全体が荒廃してしまうという理論がありますが、これは学校にも当てはまります。古くて破れかかった掲示物が貼られていないか、廊下にごみが落ちていないか、靴箱は清潔に保たれているかなどもチェックしてみるといいでしょう。

生徒の様子からも校風がわかりますから、要チェックです。とはいえ、文化祭などの学校行事での生徒の姿は、表向きの顔。可能であれば平日、登下校時の様子も見ることができると、ふだんの生徒の姿を目にすることができるでしょう。

志望校の選び方3 偏差値

週刊誌などで特集される「お得な学校ランキング」は、人気コンテンツです。「入口」である入学時の偏差値に対して、「出口」である大学進学実績が高い学校を「お得な学校」として紹介しているわけです。でも、私はこの「お得な学校」というのは、読者の関心を集めるためのマーケティングにすぎないと考えています。

なぜなら、「特進コース」などの選抜コースを設けて、一部の生徒の受験指導に力を入れ、複数の大学、複数の学部、学科を受験させれば、「偏差値のわりには大学進学実績がいい学校」というイメージを演出することができるからです。

中学受験で入った生徒たちではなく、高校受験の高いハードルを超えて入ってきた高校入学組が大学進学実績を担っている学校もあります。生徒の学習管理を徹底することで、受験勉強中心の指導をする、まるで塾のような学校も少なくありません。

学校の近くに有力な予備校があって、その予備校の指導によって大学に合格する生徒が多く、結果的に入口の偏差値よりも出口の大学の進学実績が高くなっている学校もあります。

つまり、**いわゆる「お得な学校」を、入口の偏差値と出口の大学の進学実績で測るのは難しい**のです。

ただし、そうかといって、偏差値を全く気にしないで志望校を選ぶというのもリスクがあります。偏差値が低すぎる学校は、生徒募集に苦戦する学校であって、そう遠くない将来、閉校になる可能性が高くなるからです。

▶ 学校の偏差値を見るのは小6からでいい

では、どうすればいいのかというと、**小4までは偏差値関係なく学校選びをするといい**でしょう。

今までお伝えした通り、小4くらいまでの偏差値は当てにならず、小6になる頃には小4から偏差値が20以上も上がる子も珍しくありません。小4までは理想を追求した志望校選びをして、受験が近づくに従って、現実的かつ戦略的に受験プランを組んでいくのがいいでしょう。

偏差値を踏まえた学校選びをするのは、小6になる頃で大丈夫です。

昔の先入観を持っている方は、**いったん昔のイメージは白紙に戻し、今の学校の偏差値を確認してみる**ことをおすすめします。親世代が子どもの頃は受ければ誰でも受かるような学校だったのに、今では難関校として高い偏差値を誇っている場合がありますからね。

5年くらい前の学校の偏差値を調べると、その学校の偏差値が上がり調子か、それとも下がり調子かがわかって、学校の評価が上向いているか、それとも下降しているかがわかります。同じ偏差値60の学校でも、偏差値60台後半から下がってきたのか、それとも偏差値50台から上がってきたのかによって、学校の活気が違います。

志望校の選び方4 設備

お子さんはどんなことに関心を持っているでしょうか?

わが子の興味関心につながる設備が充実している学校は、志望校として候補に挙がるはずです。

たとえば、海城には2021年に完成した、まるで博物館のような新校舎「Science Center(新理科館)」があります。成城学園では、まるごと一棟使った恐竜・化石ギャラリーに本物の恐竜の骨が飾られているし、自由学園では敷地内の畑で野菜を栽培していたり、豚が飼育されていたりします。

そのほかにも、ここでは紹介しきれないほど、学校ごとに充実した設備や個性的な環境が用意されています。そうした私立中の設備の素晴らしさは、小学校低・中学年の子でも、今通っている公立小学校との違いが一目瞭然で、魅力を理解してもらえます。

もちろん、どんなにすごい設備であっても関心のない子には響かないので、わが子の関心がありそうな施設を紹介してあげることです。子どもにハマる施設を紹介してあげることができれば、「ここに入りたい!」と勉強のモチベーションアップにつながります。

志望校の選び方5 カリキュラム

カリキュラムは学校の指導方針を具体化したものなので、志望校選択の上位の条件だと思います。各私立中は、理系科目の指導や英語、第二外国語やプログラミングなど重点的に指導する科目や特色のある授業を打ち出しています。

能や歌舞伎などの伝統芸能の校外学習や、海外への語学研修や短期留学などのプログラムを取り入れている学校もあります。高大連携といって、付属の大学の講義を受けられたり、他大学の教授や著名人を呼んで授業をしてもらえたりすることもあります。

一方、新興の進学校に見られるような、早くから大学受験指導に力を入れている、塾や予備校のような学校もあります。どのようなカリキュラムを組んでいる学校かを調べることで、偏差値だけでの学校選びではなくなります。

まとめ

- □ **志望校選びでは、校風や設備など、わが子の興味関心や性格との相性を考える。**
- □ **実際に足を運んで感じたことを大切にする。**
- □ **偏差値よりも、校風やカリキュラムのほうが志望校選びで重要。**

志望校の選び方10の視点（後編）

- ✓ 志望校を選ぶ際に何を考えるべきかを把握する
- ✓ 見落としがちなポイントや、具体的な注目点を確認

志望校の選び方6 進学先

中高一貫校は大学合格実績をホームページで公開しています。それを見て、「こんないい大学にこれだけ合格者が出ているなら、この学校にうちの子を行かせたい」と思うと、騙されます。**合格実績は操作可能な数字で、特に大学の合格実績は当てにならないから**です。

たとえば総合大学で10以上の学部があり、1人が10学部すべてを受験してすべて合格したとします。そうすると、合格実績のところには、○○大学○○学部1名、○○大学△△学部1名……と、ひとりが10学部受けて合格しているだけなのに、あたかも10人合格しているかのように記載されることがあるのです。

また、学校の授業だけで大学受験に臨む人は稀で、たいていは予備校に通うことになります。予備校に通って学力が上がって大学に合格しても、所属している学校の合格実績にカウントされます。合格実績、進学実績が純粋に学校だけの指導力とは言い切れないのです。

進学実績ではなく合格実績しか公開していない学校の数字はあくまで参考程度として、その学校の平均的な生徒がどんな大学に合格しているのか知るための目安にとどめておくのが賢明です。

志望校の選び方7　進学校か付属校か

「進学校」とは付属の大学がない学校で、「付属校」とは付属の大学がある学校のことです。ただし、これはかなりざっくりとした分け方で、付属校の中でも、内部進学率は学校ごとに大きく差があります。付属の大学があっても内部進学する生徒が5％未満の、実質「進学校」と言っていい学校もあります。

付属校のメリットは言うまでもなく、**大学が付いているので、大学受験をせずに付属の大学に進学でき、中高の6年間を受験勉強にとらわれず自由にのんびりと青春を謳歌（おうか）できる**というものです。

でも、これは幻想です。確かに大学受験はないものの、学校の成績順によって志望学部が決まるので、結局かなり勉強することになります。そもそも付属の大学に希望の学部がなければ、他大学を受験することになります。

「受験は1回がいいので、大学付属がいい」というのは、よく耳にする意見ですが、小学生で選んだ学校の付属の大学が、高校3年になっても進学したい大学であるかどうかはわかりません。

大学付属の中学を選ぶということは、もう受験しないということと引き換えに、進路の選択肢を狭めることになるので、いちがいにいいとは言い切れないのです。

幼いうちから将来の方向性がわりと明確になっている子は付属校、そうでないなら進学校という判断になるかと思います。

▶ 付属校と進学校、入試問題の違い

入試では、**付属校は進学校よりも問題にひねりがなくて、基礎的な知識と処理能力を問う素直な問題が多い**です。たとえば、慶應義塾中等部の入試問題では「これがトップレベルの学校の入試問題?」と拍子抜けするような問題がいくつも見られます。

では、入りやすいのかというと、そうではありません。一般的な学校の入試問題は6割から7割取れれば合格できるのに対して、慶應義塾中等部は年度にもよりますが、だいたい8割5分くらい取らないと合格できない高得点争いになります。

進学校は大学受験で点数を取れる子がほしいので問題を難しくする傾向がありますが、付属校は、地道にこつこつ勉強する子をほしいと考えているのが、入試問題に表れています。

「ケアレスミスは多いものの、難問にチャレンジするのが好き」なら進学校の入試問題に向いているといえますし、「難問を解くのは苦手だけれど、基本問題を着実に解くことができる」のであれば付属校の入試問題に向いているといえます。

志望校の選び方8 共学か男女別学か

これは、特に首都圏で受験する方の悩みどころかもしれません。というのも、**東京都は特殊な地域で、男女別学の学校の割合が極端に高い**からです。

全国的には男女別学の学校は数%にすぎないので、地方から東京に引っ越してきた方は、男女別学の学校の多さに驚いたことでしょう。

東京の私立中は、共学校と女子校が約４割ずつ、残り約２割が男子校と、男女別学の割合が高いのです。とはいえ、東京の学校も共学化がトレンドで、男女別学の学校は減ってきています。

男女別学の良さは、異性の目を気にしなくていいところです。「スクールカースト」といって学校内のヒエラルキー、狭い仲間内の序列を表す嫌な言葉がありますが、これには多分に異性からの評価が影響するのです。

私は学生時代ずっと身長が低くて痩せぎすの体型で、顔も童顔、趣味も野球やサッカーではなく、ゲームと読書でしたから、女子からは全くモテませんでした。そうなると、男子からも見下されます。私は、クラスメイトと関わることなく、ひたすら本の世界に没頭するか、ゲームの世界で活躍する自分を妄想する学生時代を過ごしました。私のように、異性の目を気にしないで自分の好きな世界にのめり込みたい子は、男女別学のほうが心地よいかもしれませんね。

とはいえ結局のところ、男女別学、共学というくくりよりも、学校の校風による違いも大きいので、いちがいに男子校はこうだ、女子校はこうだとは言い切れません。
うちの子はこういうタイプだから、男子校・女子校・共学校だとあまり決めつけないで、幅広く学校を検討するといいと思います。

志望校の選び方９ 宗教の有無

私立には、宗教の考えをもとに運営されている学校があります。これは公立の学校では見られない特色で、宗教校は、大きく次の２つに分けられます。

- キリスト教系
- 仏教系

キリスト教系の学校はさらに、カトリック系・プロテスタント系・聖公会系に分けられます。それぞれ簡単に紹介していきます。

カトリック系の学校は「伝統と自律」

カトリックは、伝統を重視して、自分を律することを信条としています。勉強に関しても、自分を律して、鍛える場として考えられているので、カトリック系の学校は、**勉強に対して熱心で、生活や礼儀作法などに厳格な雰囲気の学校が多い**傾向です。

修道会が設立したこともあって、男女別学が多いことも特徴です。男子校では栄光学園・聖光学院・サレジオ学院・暁星など、女子校では雙葉・カリタス女子・白百合学園・湘南白百合学園・横浜雙葉などが挙げられます。

カトリック系の学校の象徴として、校内にはマリア像があるので、学校見学などの際に探してみてください。

プロテスタント系の学校は「個性と自主性」

プロテスタントとは、「反抗する者」という意味です。誰に反抗するかというと、カトリック教会です。プロテスタントは、カトリック教会への反対運動により分かれた教派なのです。
個性と自主性を育むことを信条としているのが特徴で、自由で明るい雰囲気の学校が多いイメージです。一方で礼拝の時間などには厳格で、マナーも大切にしています。

プロテスタント系の学校は女子校が多いですが、共学の大学付属校も多いです。女子校では女子学院・東洋英和女学院・フェリス女学院・横浜共立学園など、共学校では青山学院・明治学院などが挙げられます。

▶ 聖公会系の学校は中立的

「聖公会系」はカトリック教会から誕生した宗派のため、カトリック教会の信条などの流れを汲みつつ、一方でプロテスタントの教えの影響も受けているので、カトリックとプロテスタントの中立的な宗派として知られています。

男子校では立教池袋・立教新座など、女子校では香蘭女学校・立教女学院などが挙げられます。

学校生活はプロテスタント系に近く、**比較的のびのびしている一方で、毎朝の礼拝はしっかりと行う**ところが多いです。

▶ 仏教系の学校は宗教色が薄め

仏教系の学校は、キリスト教系の学校と比較すると、一見、宗教色を感じない学校が多いように思います。**仏教系の学校では近くに寺院があることが多く、学校行事として礼拝や法話を聴く機会を設けるなど、豊かで穏やかな心を育むことを教育方針**としています。

禅宗である、臨済宗・曹洞宗などの流れを汲む学校では、座禅を体験できる機会もあります。男子校では芝・世田谷学園・鎌倉学園など、女子校では国府台女子学院・駒沢学園女子、共学校では文教大学付属・宝仙学園（共学部）などがあります。

▶ 宗教校に入ったら入信しないといけない？

宗教教育を行う学校では、宗教を通じて思春期の豊かな心を育てようと取り組んでいます。でも、宗教校に入学したからといってその宗教に入信しなければならないわけではなく、入信を勧められることはありません。

ただ、その宗教にまるで関心がないと、宗教行事や礼拝や座禅の時間は退屈に思うかもしれません。もちろん、無宗教の学校でも、人間教育に力を入れている所が伝統校を中心に多くあります。宗教の有無にかかわらず、広く志望校選びをしてもらえたらと思います。

▼ 宗教教育を行う学校の傾向まとめ

	キリスト教系			仏教系
	カトリック	プロテスタント	聖公会	
校風	厳格	自由	中立的 （やや自由寄り）	穏やか
宗教色	あり	あり	あり	薄め

志望校の選び方10　沿革

沿革というのは、その学校の歴史で、ホームページに必ず載っています。その学校は、いつ、どのような時代背景で、どういう時代の要請を受けて、どのような建学の精神で創立されたのか。そして、時代の変化とともにどう変わってきたのか、変わらずにきたのか。

それを知ることで、**その学校の奥深いところに流れる教育への向き合い方**を感じることができます。

近年は共学化して国際教育カリキュラムを取り入れて、名前を変えて再スタートする新興校の倍率が急上昇しています。ただし、**大きく体制を変えたばかりの学校、特に短い準備期間で改革を行おうとする学校の初年度はリスクが大きい**です。

新興校は未公開株みたいなものです。初年度の倍率は実態以上の倍率になることが多いけれども、翌年以降もその人気が続くとは限りません。また、学校の評価は卒業生が出続けて数年、少なくとも10年くらいは経たないとわからないものです。

大切なわが子が心身ともに大きく成長する大事な6年間を預ける学校ですから、その学校がどんな歴史で運営されてきたか、学校の沿革をチェックしてもらえたらと思います。

部活による志望校選びは？

部活を軸に志望校を選ぶことも少なくありません。でも、入りたい部活があってその学校に入学したにもかかわらず、**いざ入学したら、当初の目当てとは別の部活に入部するケースが意外と多い**のです。親からすると、「それなら別の学校もいろいろ検討できたのに！」

と言いたくなりますよね。

でも、大人に比べて人生経験の少ない子どもは、自分の好み・やりたいことを自覚することは難しく、移り気なものです。「絶対○○部に入りたい!」と言っていても、「あのときはそう思っていたけど、今はもう違う」と冷静に言われることがあるので、あまり決めてかからないほうがいいかもしれません。

雰囲気や直感を軽んじない

たくさんの視点を紹介してきましたが、結局、大事なのは、その学校の雰囲気です。**学校に実際に行ってみて、自分やお子さんがどう感じるか**を大切にしてください。

「なんとなく落ち着く」「なんだかしっくりこない」といった言葉にできない直感が、意外と正しいものです。その学校に行って肌で感じた雰囲気で志望校を選ぶと、後悔しない選択ができそうです。

まとめ

- □ 進学校か大学付属か、共学か男女別学か、宗教教育を行うか否かなど、学校によって特色がある。
- □ 沿革を調べて、その学校の歴史を知ることも大事。
- □ 最後は学校に行った際の直感で選ぶ。

コラム 2

Q「勉強の楽しさ」をわかってもらうには?

A「親が必死に勉強を教えているのに本人のモチベーションが上がらない……」という悩みをご相談いただくことがよくあります。これは**「親が必死に教えて」ということこそが、お子さんのモチベーションが上がらない原因**です。

▶子どもは聞くよりも話したい

子どもは教わるより教えたいし、話を聞くよりも話をしたいのです。考え方を教わるよりも、自分で考えたいのです。自分で考えて、解き方をひらめき、正解にたどりついたときに学びのおもしろさを実感します。だから、親が教えれば教えるほど、学ぶおもしろさが減っていきます。

勉強の楽しさを教えるコツは、できるだけ教えないで見守ることです。子どもが行き詰まったら、ヒントを与えたり、わかるところまで教えてもらったり、今考えている問題の解き方を説明してもらったりするのです。すると、子どもは意外と乗り気で教えてくれるものです。

努力を促して、成績が上がる手応えを味わわせることで、勉強のやりがいを感じさせるやり方もありますが、これは子どもによって、乗ってくる子とそうでない子に分かれます。

ちなみに私は、勉強の成績だけでなく、ほとんどすべての他者評価がモチベーションを左右しないタイプでした。

私は小学生の頃、学校の硬筆コンテストや写生大会でよく金賞をもらっていました。そして、金賞をもらった人たちだけが放課後残されて、学校の代表として地区大会に出展するための練習をさせられることになりました。でもいくら金賞を取ったことを親や先生からほめられても、そのせいで放課後に残ることが嫌すぎて、金賞を取った自分の作品ともらった賞状を丸めてゴミ箱に捨てて、放課後の特別練習をすっぽかして、友達と遊びに行き、先生からも親からも怒られたのを覚えています。

私には金賞をもらうことや、大人から認められることよりも、友達と遊ぶことのほうが、価値あることだったんですよね。

▶ まずは学びのおもしろさを味わうことが大切

偏差値やクラスや点数が上がることに価値を感じない私のような子は、他者評価ではなく、自分自身が取り組むもののおもしろさを実感しないとやろうとしません。

勉強に取り組ませようと思うのであれば、ゲーム性を取り入れてみたり、クイズ形式にしてみたり、具体的なもので実際に試してみたり、関連する動画を探して一緒に見たりすることで、これから取り組もうとしていることのおもしろさを子ども自身に味わってもらう工夫が必要です。**おもしろいと感じさえすれば、子どもは自分から勉強するようになります。**

第 3 章

塾に入る前に知っておきたいこと

塾に対する保護者の3つの思い違い

- ✓ かけたお金のぶんだけ成績が上がるわけではない
- ✓ 塾は行くだけで成績が上がる魔法の場所ではない

塾は特殊な形態のサービス

私はこれまで複数の大手塾で講師を勤めてきましたが、**塾というのは特殊なサービス**だと感じています。特徴的なのは、次の3点です。

- お金を支払う人とサービスを受ける人が異なる
- サービス開始まで、どのようなサービスを受けられるか具体的にはわからない
- サービスの効果が、支払い額以上に大きなものになることもあれば、マイナスになる場合もある

このように特殊なサービスですから、実態を知らないまま入塾すると、大金と大事な時間を失って、「こんなはずでは……」と後悔することになりかねません。

そこで、多くの保護者の方が、入塾まで知らなかった、思い違いをしていたということを紹介していきます。

思い違い1　教育費＝月謝

大手進学塾の小2〜小6の**月謝の目安は、学年×1万円程度**です。小3だったら月約3万円、小6だったら月約6万円といったイメージとなります。

ただし、本書でくり返しお伝えしているように多くの塾では**月謝のほかに、テスト代、教材費、通信費、施設維持費などが毎月かかります。**

でも、こうした費用について、入塾時に説明がなかったり、資料に載っていなかったりするケースもあるのです。「通ってみてから、授業料以外に高額なテキスト代を請求されてびっくりした。払えないので転塾を検討している」という方もいます。

▶ オプション講座で有利になるとは限らない

また、夏期講習や冬期講習とは別に土日の「集中特訓」や「年末年始特訓」「特定校入試対策講座」など、**何万円もするオプション講座が設けられている**ことが多いです。学年が上がるにつれ、月謝が上がるだけでなく、こうした追加費用がかかる講座を塾から案内されます。

このようなオプション講座について、入塾の問い合わせ時に詳しく説明したり、受講を勧められたりということは、まずありません。入試が迫ってきて、もう転塾も考えられないようなタイミングで、「この期に及んでお金をケチってなどいられない」という心理状態になったところに提示されるのです。

もちろんあくまでオプションの講座ですから受講は任意です。でも、講師から強く勧められたり、同じ塾の友人たちが申し込んでいたりするのを知ると、「この講座を取らなかったことで不合格になったら、後悔するのでは……」という心理になってくるものです。

ただし、**塾に大金を払ったとしても、入試に有利になるとは言**

い切れません。むしろ講座に申し込んだせいで、授業内容を復習する時間が取れなくなり、成績を上げる機会を失うということもあり得ます。オプション講座の受講が本当に必要なのかは、その都度しっかりと検討したいところです。

また、ほぼフォローがないタイプの塾に入る場合には、サブとして別の塾に通って、メイン塾の復習をする必要が出てくる可能性も考えておかなければなりません。

受験学年になると、月謝の倍くらいの教育費がかかることを覚悟して備えておいたほうが、後であわてずに済みます。

思い違い２　塾講師なら誰でも指導力がある

私がこれまでに経験してきたどこの塾、どこの校舎でも、「この講師は指導力が高い」と思える講師は、良くて２割です。

残り６割は「許容できるくらいの指導力」という講師、そして「これでよくお金をもらっているな」と思う講師も２割はいました。同じ塾、同じ校舎に所属する講師であっても、実力に差があるものなのです。

特に大手チェーン塾では、夏期講習など、多くの校舎で同じ時間に授業が設定されている時期には、理科・社会の講師が足りなくなります。そして急遽、講師派遣会社から臨時講師を呼んだりするのですが、そうした講師には実力不足の方が多いです。

塾講師は、学校の先生になるのと違い、資格がいりません。そして日本全国に、コンビニの数と同じくらい塾はあるのです。**塾講師は、なるだけなら簡単になれるため、講師による指導力の差が大きい**

というのが実態です。

塾の先生の言うことを聞いておけば間違いないとか、大手塾だから安心、ということはありません。講師の言葉に対して常に「そうとも言い切れないのでは?」という客観的な視点を持って付き合っていけるといいですね。

本書の第5章「入塾したら知っておきたいこと」も参考にしていただき、お子さんの様子をよく観察してあげてください。場合によっては、転塾の検討が必要なこともあります。

思い違い3 塾に預けさえすれば成績が上がる

塾に入って、授業を受けて、それだけでできるようになってしまう子がいないわけではありません。でもそんな「受験勉強の申し子」のような子は、私が見てきた数千人のうち、片手で数える程度です。多くの子は、すぐに成績は上がりません。

授業を受けただけでできるようになるのは、料理番組や動画を見て、料理を再現するようなものです。私もレシピ動画を見て料理をしてみることがありますが、お手本とは全然違う悲惨な結果になることがしばしばです。**説明されて「理解する」ことと、実際にそれが「できる」ということには、大きな隔たりがある**のです。

成績を上げるには、授業が終わった後、それができるか問題を解き、数日後、1週間後、1カ月後、数カ月後……と何回もくり返し解き直すことで、「わかる」を「できる」に、「できる」を「身につける」にする必要があります。

授業はもちろん大事ですが、授業後に学んだことを復習する時間こそが、成績を上げます。それもすぐに上がるわけではなく、学んだことがテストに出て、成績として表れるのには最低3カ月はかかります。

塾に行くだけですぐに勉強ができるようになるわけではありませんから、過度な期待を持たずに、**塾は成績を上げるためのきっかけ**くらいに考えておいたほうがいいでしょう。

まとめ

- □ 受験学年の教育費は月謝の倍くらいになると想定し、備える。
- □ 塾講師が誰でも指導力に長けているわけではない。「塾講師の言うことも絶対ではない」という視点が大事。
- □ 塾の授業を受けるだけでは成績は上がらない。授業後の復習こそ、学力を伸ばす秘訣。

失敗する塾選びのパターン

- ✓ 周りの声や塾の合格実績などに影響を受けすぎない
- ✓ 家庭の方針やわが子との相性をよく考える

私は入塾説明会に参加したり、問い合わせをしてくださったりした方に、「こちらの塾に関心を持ったきっかけを伺えますか？」という質問を必ずしていました。

すると、「息子の周りの子たちも通っているので」とか「家が近いから」「有名だから」などとおっしゃる方がいらっしゃいます。

考えてみてほしいのですが、近所に住んでいるからという理由で、結婚を決めませんよね。でも、塾選びだとやってしまうのです。

じっくり考えて決断した結婚でさえ、日本では３組に１組が離婚するわけです。安易に塾を決めると、後々退塾を考えることになりかねません。このテーマでは、私の経験上、こういう形での入塾は失敗しやすいというケースをいくつか紹介していきます。

NGパターン１　友達に誘われての入塾

「友達」というのはママ友、子どもの友達の両方のケースがあります。ママ友からの場合は、紹介というよりも、「やっぱり中学受験をするならSAPIX」とか「浜学園なら安心」といった言葉を耳に挟み、それならと勇んでわが子に入塾テストを受けさせるパターンですね。

こうしたきっかけの場合、**私の体感では約半数のお子さんは退塾する**ことになります。

また、子どもの友達からの紹介も要注意です。

もちろん、気に入っている塾に一緒に通いたいから、という場合もあるでしょう。でも中には、友達が入塾すると、誘った塾生にインセンティブとして金券を配るような塾もあるのです。

塾は塾ごとにカラーが大きく異なりますし、校舎ごとに雰囲気も指導力も異なります。詳しくは塾比較の第４章（137ページ）を読んでもらえたらと思いますが、**ママ友のお子さんや子どもの友達には合っている塾でも、わが子にも合うとは限りません。**また、同じ塾の同じ校舎であっても、クラスが異なれば担当講師も異なります。

塾は、塾のコンセプトとご家庭の方針、そして何よりわが子と講師の相性を優先して選ばないと、失敗する可能性が高くなります。

NGパターン２　合格実績にひかれての入塾

塾のチラシや看板に大きく打ち出される合格実績ですが、塾の指導力を測る指標になるかというと難しいところです。

毎年高い合格実績を出している塾には、入塾時点ですでに高い学力がある子が集まります。そのような塾では、できない生徒の面倒を見なくても、保護者がわが子を個別指導に通わせたり、家庭教師をつけたりすることが多いのです。その**個別指導や家庭教師のおかげで合格したとしても、塾に通っていれば、塾の合格実績としてカウントされる**ことになります。

合格実績を水増しする塾も後を絶ちません。提携した他塾の生徒の合格実績を自塾の合格実績に含める塾もあります。途中で退塾したり、1回だけ自塾の模試を受けたりしただけの他塾生まで合格実績に含めて、問題となった大手塾もありました。

そもそも、合格実績は、各社自社基準でカウントされています。合格人数が多くても、不合格者も多かったら合格率は低いわけですが、都合の悪い数字は伏せられていることがほとんどです。華々しい合格実績に目を奪われないよう気をつけましょう。

NGパターン3　経済的に余裕のない状態での入塾

くり返しますが、入塾前に月謝を確認し、これくらいならなんとか払えそうだと思っても、**いざ入塾すると想定以上にお金がかかります。**月謝以外に、テキスト代や模試代、講習会の費用、オプション講座の費用など、年額トータルでいくらかかるのか、受験学年になるといくらかかるのか、大まかな試算をしてからの入塾をおすすめします。

それでも、ホームページに月謝を載せていない塾が多いですし、載せていても見つけにくいところにひっそりと出して、しかも小さな字で注釈が添えられていたりするものです。特にオプション講座は、どのタイミングでどんな講座を勧められるのか、いくらかかるのかという情報が、ほとんど表に出されません。

入塾前に、月謝以外に発生する費用、年額の費用、今後の講習会やオプション講座の費用も聞いておくことをおすすめします。「今年度のオプション講座についてはまだ検討中です」と教えてもらえない場合は、昨年度のものを参考までに聞いてみましょう。

NGパターン4　塾のブランドで選んでの入塾

スマホならiPhone、車ならトヨタ、服ならユニクロなど、信頼できるブランド、メーカーがありますよね。でも「塾といったらSAPIX」「やっぱり浜学園」などと、**中身をよく検討せずにブランド重視で入塾すると、失敗する確率が非常に高い**です。

もちろんSAPIXや浜学園はテキストの質、講師の指導力、カリキュラム、合格実績、そして合格率も圧倒的です。でも万人に合う塾ではなく、人を選びます。これはSAPIXや浜学園だけでなく、すべての塾にいえることです。

どの塾がいいのかと考えるよりも前に、**「わが家の教育方針はどうするか」「わが子にはどんな環境の塾が合いそうか」**を家族で考えて、ある程度一致させておくことが大切です。勉強のフォローが期待できない塾を選ぶのであれば、どんな方法でフォローするかも決めておくことが必要になります。

有名な塾に入ると、通い始めは「あそこに通っているなんて、すごい!」とほめられ自尊心がくすぐられますが、それは最初のうちだけです。入った先では、塾内での競争とランク付けが待ち受けています。

塾は、**もしその塾が全くの無名で誰にも自慢できなかったとしても、そこを選ぶか**を考えてみてください。迷いなく「イエス!」と答えられるところを選ぶと、失敗する確率が下がります。

NGパターン5　子どもにやる気がない状態での入塾

「塾に預ければ勉強の楽しさに目覚めてくれるかもしれない」とか「家

だと全然勉強しないからせめて塾で勉強してくれれば」と考えて子どもを塾に通わせても、うまく塾にハマる子は10人に1人くらいです。

塾講師も、「勉強ができない子をなんとか勉強好きにさせて、勉強ができるようにさせたい」と思う人より、「勉強好きで勉強ができる子を、もっと勉強ができるようにさせたい」と思う人のほうが多い印象です。大手のハイレベルな塾ほど、その傾向は顕著です。

世界中で誰よりもわが子のことを深く知っているのは、保護者です。お子さんの性格や関心のあることを踏まえて、どうしたら勉強する気持ちが高まるか、まずはいろいろと試してみてください。

その結果、わが子が「塾で勉強してみようかな」という気持ちになったら、それから塾に通わせても遅くはありません。ある程度の学力があれば、小4、小5になってからでも入塾可能な枠はあります。その限られた枠に入れるだけの学力がなければ、そもそもその塾には向いていないともいえます。

入塾を焦る必要はない

幼いうちから入塾させても、塾の小学1〜3年生の成績上位者で、**5〜6年生になってもそのまま上位でいられる子はほとんどいません。**

学年が上がるにつれて授業は難しくなっていきますし、低学年のときより難易度の上がった入塾テストに合格できる優秀な子がどんどん入塾してきて、抜かれてしまうのです。

早く入塾すればそれだけ有利だと思ってしまうのは、塾のマーケティング戦略です。焦ることはありません。塾に行かなくても通信教材を使って勉強したり、参考書と問題集を使って勉強し、わからないことはネットの動画授業で調べたりと、勉強方法の選択肢はいろいろあります。

すべては子どものやる気、関心が起点です。よく知られたイギリスのことわざに、「馬を水辺に連れていくことはできても、水を飲ませることはできない」とありますが、本当にそうだと思います。

まとめ

- □ 友達からの誘いや塾のブランドで、安易に入塾を決めない。
- □ 入塾する際、昨年度にかかった費用などを確認し、経済的に無理がないかを検討する。
- □ 子どもにやる気がない段階で無理に入塾させない。塾にこだわらず、「どうしたら勉強する気持ちが高まるか」を考えて試す。

「入塾テスト」で合格点を取る秘訣と裏ワザ

✓ 学校のテストとは違う入塾テストの傾向と対策を把握する
✓ 不合格でも入塾できる可能性はある

入塾テストで合格を出せないわけ

ハイレベルな塾の入塾テストでは、数人にひとりしか合格できません。塾は営利企業ですから、本音としては、ひとりでも塾生を増やしたいところです。でも、合格基準点に達しないのに入塾させてしまうと、結局、その生徒は授業についていけなくなり、退塾してしまいます。そのため、すべての入塾希望者を受け入れるのは難しいのです。

とはいえ、せっかくいろいろと調べて「ここなら」と思った塾がある場合、なんとしても入りたいのが本音だと思います。

私は今まで数千人の入塾テストを受け付けて、採点し、合否の連絡をしてきました。そんな私の経験をもとに、**進学塾の「入塾テスト」で合格点を取るにはどうしたらいいか、秘訣と裏ワザをお伝えしていきます。**

入塾テストの4つの傾向を知っておく

入塾テストは、学校のテストとは違います。学校のテストがよくできていても、入塾テストに受からないことがあるのです。入塾テストには、次のような傾向があります。

- 出題範囲が広い
- 学校のテストに比べて問題数が多く、時間制限がシビア
- 極端に点数が悪い科目があると不合格になる
- 年度始めから後になるほど難しくなる

入塾テストは学校のテストとは別物と考え、対策を立てておくことで、合格の可能性を高めることができます。

具体的に、どう対策すればいいのでしょうか。まずは王道からお伝えします。

王道の対策1 既習範囲の復習をして臨む

範囲が広いからこそ、既習範囲は穴がないようにしておきたいです。そこで、**入塾テスト前に今の学年で習った範囲を復習しておく**ことをおすすめします。

年度始めに受けるのであれば、前の学年の範囲を復習しておきましょう。入塾テストの出題範囲は広いので、ターゲットを絞って勉強することができません。基本的に、これまで学校で習った内容すべてが出題範囲になります。

国語は、該当学年の漢字の読み書きは完璧にしておきましょう。完璧というのは、トメ、ハネ、出すところ、出さないところなどを正確に書くということです。学校の教科書やドリル、「ポケモンずかんドリルシリーズ」（小学館）のような市販のドリル、ネットで無料でダウンロードできる「ちびむすドリル」などを活用しましょう。

算数は、学校の教科書を最初から見直して、解き方を忘れている問題があれば復習しておきましょう。

王道の対策2　解く問題を絞る

続いて、入塾テストで効率よく合格点を取る秘訣をお伝えします。塾のテストは、制限時間が厳しいので、効率よく解いていかないと「わかっていたのにできなかった」ということになりかねません。試験が始まったら**1問目に取りかかる前に、試験問題全体にざっと目を通しましょう。**

解けそうもない問題に時間をかけるよりは、基本的な問題を解くことに時間を使うことが大切です。無理して発展問題に取り組む必要はありません。配点は問題の難しさに比例しませんからね。問題の読み間違えなどのケアレスミスをしないことを意識したほうが、得点が高くなります。

基本問題は最初に集中していて、終わりに向かうほど発展的な問題構成になっていることが多いです。時間がかかりそうな問題はどんどん飛ばしながら解き進めましょう。

ひと通り解き終えて時間が余ったら、解答用紙に書いた字をチェックしましょう。あまりに雑な字は減点されますし、これから教えてもらうことになる塾の心証を悪くしかねません。

裏ワザ　不合格でも熱意で勝負

もし不合格になってしまっても、手立てがないわけではありません。本人のやる気があることが前提ですが、たとえば「塾の授業がない日も塾に来て勉強する」ということを伝え、「ここでがんばりたいのでお願いします」と本人の口から講師にお願いすれば、入塾させてもらえる塾もあります。

塾は教室ごとに塾生獲得目標がありますから、ひとりでも多く入塾させたいと思っています。でも、塾は退塾率維持目標も背負っているのです。だから、授業についていけずに退塾してしまうことがないように、入塾テストで基準点未満の場合は仕方なく入塾を断るのです。

ただし、**本人にやる気があり、基準点に満たないぶんをなんとか埋められそうだと思えば、特別に入塾許可を出すことも珍しいことではありません。** やる気があることと、具体的にどのように努力するかを講師に伝えましょう。どうしても入塾は認められないと言われた場合でも、次の学期に再挑戦することが可能です。

入塾テストに合否はありますが、入試ではありません。 あくまで、入塾してから授業についていけそうかを見極める判断材料のひとつです。

私自身、入塾テストで不合格になった生徒でも、よく相談したうえで入塾してもらったことが何度もありました。そうやって入塾した生徒の中から、いわゆる難関校に合格した生徒もいます。そのような指導をするのが塾講師としてのやりがい、醍醐味(だいごみ)でもありますから、どうしてもここでがんばりたいという塾でしたら、気持ちを伝えてみましょう。**不合格になってからの粘りが大事**です。

まとめ

- □ **入塾テストは学校のテストとは別物。**
- □ **できそうにない問題は飛ばし、できる問題のケアレスミスがないように注意する。**
- □ **不合格でも、熱意を伝えれば入塾できる可能性あり。粘ってみることも大切。**

中学受験の登竜門「全国統一小学生テスト」

✓ 日本最大の公開模試の概要を把握する
✓ あらかじめ注意点を子どもに伝えておく

全国統一小学生テストとは

全国統一小学生テスト、通称「全統小」は、年2回（例年6月と11月）、全国の年長生〜小学6年生を対象に行われる、四谷大塚が主催する公開模試です。

47都道府県の約2600会場で実施され、希望者は全員無料で参加することができます。小学3〜6年生の成績上位者を対象に、交通費・宿泊費まで負担したうえで、決勝大会まで開かれます。

まさに「全国統一」を冠するにふさわしい、日本最大のテストです。時期が来るとCMや広告が出されるので、受験したことがなくても、名前は聞いたことがある方が多いのではないでしょうか。

テスト後には、全国や都道府県内でのランキングがわかる成績表をもらえますし、見直し勉強指導といったアフターフォローも受けられます。

中学受験を考えているなら、現在の学力を客観的に知るために受験をしてみるのも悪くはありません。ただし、このテストは、**事前の知識や心構えが必要なテスト**でもあります。以下、特徴を紹介していきます。

特徴1　問題数が多い

全統小の1つめの特徴は、**制限時間に対しての問題数が、学校のテストに比べてかなり多い**ことです。模試に慣れていない多くの子は、最後まで解ききれずに制限時間が来てしまいます。

お子さんに受けさせる場合は、わからない問題はどんどん飛ばして、わかりそうな問題を探して解くことをあらかじめ言い聞かせておきましょう。

特徴2　問題が難しい

2つめの特徴は、**問題の難易度が高い**ことです。四谷大塚の「全国統一小学生テスト」公式サイトでは、問題の配点についてこんな記載があります。

「年長生は配点の80%、1年生は配点の70%、2・3年生は60%、4・5・6年生は55%が平均点となるよう、試験問題を作成しています」

つまり、**年長生では問題の20%、1年生は30%、2・3年生は40%、4・5・6年生は45%の点数が取れないように意図的につくっている**ということです。

何を答えればいいかわかりづらい問題や、学校ではまだ習っていない問題を設定したり、そもそもの問題数を多くしたりして、なかなか高得点を取れないようにしているわけです。

ここが学校のテストとは違いますよね。学校のテストであれば、問題は最近の授業でやったことの中から出されて、勉強をすれば100点が取れるようにつくられています。

そのため、学校のテストの感覚で受験すると、テストを終えてあまりのできなさにショックを受けて、泣きながらテスト会場を出てくる子もいます。

全統小は学校のテストとは全く違って、できない問題をあえて入れているテストであること、半分もできていればすごいということをあらかじめ伝えた上でテストに臨ませることをおすすめします。

このように全統小は、特徴のあるテストです。そのため、テストの結果が出た際にも気をつけてほしい注意点がいくつかあります。

注意点1　弱点補強をしたくなる

模試を受けると、テストを解く要領が悪いこと、習ったはずの漢字が書けていないこと、計算のケアレスミスが多いこと……などのわが子の弱点が明らかになります。

親は子どもの弱点がわかると、「なんとかしなくては」と考えてしまうものです。**「わが子がすでに持っている長所をさらに伸ばそう」という気持ちよりも、弱点補強へ意識が向いてしまう**のが、模試の怖いところです。

弱点補強はもちろん大事ですが、学校で勉強するよりもずっとハイレベルな模試を受けて解けなかった問題は、果たして「弱点」といえるでしょうか？

全国統一小学生テストの開催は6月と11月ですが、これは夏期講習や冬期講習の前に当たります。テストを通して弱点を具体化させることで、「これは塾に通わせたほうがいいかも……」と思わせる意図が、少なからずあるはずです。

全統小は、中学受験を考えている子のために、中学受験指導専門の営利企業が作成した特殊なテストです。できないところがあったからといって、まだ低学年の子が最優先で取り組むべきことなのかは、いま一度、落ち着いて考えてみるのがいいでしょう。

注意点2 「自己肯定感」が下がりかねない

学校のテストよりも難しいテストを受けることが良い刺激になればいいですが、思うように解けなかったことで、「自分は勉強ができない子なんだ……」「親の期待に応えられなかった……」と**自己肯定感が下がってしまう危険性**もあります。

あらかじめ、「後で成績表が返ってくるけれど、難しいテストだし、厳しい成績になると思うから、泣かないでね」と、**結果に対する期待値を下げておいたほうがいい**でしょう。

予想外に結果がよければ、そのときは「こんなにできているんだ……すごいな」と感心を示せばいいのです。成績上位半分に入れば、四谷大塚への入塾資格が得られて、立派な合格証も送られてきます。実力が認められる経験がまだ少ない子どもにとってはうれしいでしょうし、勉強のモチベーションにつながるかもしれません。

注意点3 幼いうちから「偏差値」に左右されてしまう

6年生の夏以降になれば、模試の偏差値と志望校偏差値を照らし合わせて、合格可能性を検討するのは必要なことです。でも全統小は、幼稚園・保育園生から偏差値が出されます。このテストで、初めてわが子の偏差値に触れる親御さんが多いのです。

すると、「偏差値43?!　これはまずい!」と驚くことになります。逆に、偏差値67という結果が返ってきて、「賢いと思っていたけど、ここまでとは!　これは御三家も狙えるかも!」と浮かれるご家庭もあるかもしれません。

どちらも大きな勘違いです。**小学校低学年の偏差値なんて当てにならない**のです。それなのに、思うような偏差値が出なかった親御さんは、わが子は頭が良くないという呪縛にとらわれてしまいます。

思った以上の偏差値が出た親御さんも、その後、わが子が模試を受けるたびに偏差値が下がっていくのを目の当たりにして、「私の育て方がよくないのでは?」「通っている塾がよくないのでは?」と負の感情を高めていくのです。

偏差値は「魔物」です。気にしすぎないようにしたいものです。貴重な休みにせっかく全統小を受けるのですから、偏差値に振り回されるのではなく、子どもがよくできていたところに着目して認めることで、子どもの勉強へのモチベーションや自己肯定感をアップさせるきっかけにしたいですね。

まとめ

- □ **全統小は、学校のテストより難しいことを事前に伝える。**
- □ **結果が出たら弱点よりもよくできていたところに着目し、自己肯定感向上のきっかけにする。**
- □ **初めて触れるわが子の偏差値に振り回されないように心がける。**

Q 仲が良くない夫婦、中学受験は乗り越えられる?

A 「夫婦仲が良くない」というのは、特殊なケースではありません。日本の夫婦は約3組に1組が離婚していますし、残り2組の夫婦も子どもがいなかったら、おそらく半数は離婚しているのではないでしょうか。夫婦仲が良くないというのは、多くの家庭に当てはまるだろうと思います。

別々の価値観を持った親に育てられた2人が結ばれて、毎日同じ空間で生活すること自体、大変なことですし、そこに子育てという親の価値観がもろに出る一大事業が加われば、仲が良い夫婦のほうこそ奇跡のうえに成り立っているか、良い意味でお互いの「勘違い」のもとに成り立っているはずです。**事実、塾で保護者面談をすると、お互いそれぞれのパートナーへの愚痴が大半**です。

▶ 乗り越えられるかは夫婦と子ども次第

そのような前提を踏まえて「仲が良くない夫婦で受験は乗り越えられるか?」というテーマですが、**乗り越えられるかはご夫婦とお子さん次第**です。夫婦仲が良くなく、教育観が異なったとしても、中学受験に臨むことは可能ですし、教育観が異なる夫婦のほうが多数派だと思います。

むしろ子どもの価値観や考え方と反対方向に両親の価値観や考え方が揃っているほうが、子どもはつらい思いをします。両親の価値観のギャップは、それだけお子さんの価値観の幅につながるというプラスの見方もあります。

夫婦仲が良くない、教育観が異なる夫婦への私からの提案としては、次の2つです。1つめは、**お互いの愚痴を子どもに言わない**こと。2つめは、楽しむための夫婦の会話がなくても、**子どものことに関する話、報告・連絡・相談は業務の一環として時間を惜しまない**ことです。

▶ 子どもは親の理想通りにはいかないもの

よく、「私は子どもに中学受験をさせたいけれど、夫（妻）は『小学生のうちはのびのび育てたい』と意見が合わないんです……」というご夫婦もいます。

私は「良い中学に行く」ために子どもをがんばらせるという考えは手放しで賛成しませんが、「小学生のうちは自由にのびのびさせたい」という考えも、親の理想通りにはいかないと思っています。

たとえば、現代の小学生の遊び方にどんなイメージを抱いているでしょうか？　友達と野山を駆け回るのに近いイメージを持っていたら、それは幻想かもしれません。現代の多くの子どもの遊びは、友達同士で集まったとしても、それぞれ手元のゲーム機に視線が釘付けで「そういう時間を過ごすなら勉強したら?」と親なら言いたくなるようなケースが多いのです。

その点、中学受験の勉強は、決まった遊び方があるゲームとはまた違った奥深いおもしろさがあります。**そのおもしろさに気づくことができるのも中学受験勉強をする価値**だと思います。

第 4 章

大手塾徹底比較

塾選びのありがちな誤解 TOP10

✓ 塾選びで注意すべき点を知る
✓ 塾選びでありがちな誤解を解く

失敗しがちな塾選び

塾選びは難しいです。同じ塾であっても校舎によって講師は異なりますし、同じ校舎でも、クラスによって講師が異なります。また大手塾では、毎年のように講師の異動があり、気に入っている先生がいつまでもその校舎にいるとは限りません。

確信を持てないまま「ここならまあいいかな」と手探りで塾を決めて、合わなかったら転塾をして……と塾選びに苦労している保護者はとても多いのです。

ここでは、大手塾の比較に入る前に、そうした**塾選びでありがちな誤解と、どのように選べばいいのかという塾選びのアクションプラン**を紹介します。

誤解1　低価格な塾だからコスパが良さそう

低価格に抑えられた塾を見つけたら、気になりますよね。あまり名前は聞いたことがないけれど、ホームページを見ると親身に指導してくれそうだし、コスパが良さそう……そんなふうに感じるかもしれません。

でも、**教育にコスパという考えを持ち込むのは失敗のもと**です。

日用品ならば、失敗だと思ったらまた別の商品を買えばいいだけですが、子どもの教育は、お金よりも貴重で取り返しのつかない「時間」を失ってしまうのです。

▶無名の塾の指導力を測るには

私は、知らない塾を調べるときは、ホームページを見た後に、**「塾名　講師募集」で検索をかけ、その塾の講師の求人情報を確認**します。そして、講師の時給が最低賃金に近い金額だったり、「未経験者歓迎」「大学生歓迎」「複数教科指導歓迎」「友達と応募歓迎」などの言葉が並んでいたりする塾の場合、指導力は期待できそうもないと判断しています。

塾講師は、アルバイトであってもそう簡単に休めませんし、授業の予習も必要です。慣れないうちは、授業時間と同じかそれ以上の時間をかけて、授業の準備が必要なのです。自腹で参考書や問題集を買って研究する必要もあります。

指導力のある、市場価値の高い塾講師は、待遇のいい塾に移っていきますから、安価な時給で求人をかけている塾では、そうした講師に出会うのは難しいのです。

低価格の塾は、指導力には期待せず、自習管理をしてもらって勉強習慣をつけるために通うのだと割り切って利用するのであればいいと思います。でも、わからなかったところを授業で理解させてくれて、勉強する気持ちも高めてくれる、その科目のおもしろさも味わわせてくれるような講師を期待するのであれば、それに見合う費用をかける必要があります。

誤解2　いざとなったら家庭教師に頼ればいい

いざとなったら家庭教師に頼ればいい、と思っていないでしょうか？実際には、「いざとなって」から探しても、良い家庭教師は簡単には見つかりません。この人ならという家庭教師を見つけても、すでに指導の枠が埋まっていて、担当してもらえないことがほとんどです。あまり面倒見が良くない塾、別途でフォローが前提の塾に入塾するのであれば、入塾するタイミングで、家庭教師や個別指導塾探しもしておきましょう。227ページも参照してみてくださいね。

誤解3　有名でない小規模塾は検討しない

有名な大手塾のネームバリューに安心感を覚える、という親御さんの場合、名前が知られていない個人経営塾は眼中にない、検討もしていない、ということがあります。でも、**SAPIXのような大手トップ塾にお子さんを通わせているご家庭ほど、意外と小規模の塾に転塾するケースが多い**ものです。

どこの地域にも、有名ではないけれど、昔からあってずっと潰れずに残り続けている小規模塾があるものです。そのような塾がなぜ潰れずにいるのかといえば、ニーズがあるからです。大手学習塾では成績を上げられない子の成績を上げられるからです。

▶ 小規模塾こそ指導力が問われる

有名でない小規模塾は、指導力がなければ生徒が来てくれません。それでも生き残っているのは、中身がいいから、指導力が高いからなのです。

個人経営の塾長は、もともと大手学習塾に勤めていた人が多いです。現場が好きなのに本社勤務の管理職になるよう打診されたり、講師職にとどまっても、本部の指示と自分の理想とする指導が違ったりと、会社員では制約があると感じた人が、組織から出て、自分で塾を開くのです。

だから、**個人経営塾の塾長の指導力は、大手学習塾の平均的な講師よりもずっと高いことが多い**です。また、そんな塾長の考えに賛同して集まった講師たちも、やはり信念と指導力があります。

しかも、小規模塾は大手学習塾と違って、講師の入れ替わりがほとんどありません。何十年もその土地で教え続けていて、その土地で教え続けることに人生を賭けているような人ばかりです。大手学習塾のように、本社からの辞令が出たから異動してきて、任期を終えたらまた別の校舎で教えるというのとはわけが違います。

うちの子はちょっと個性が強くて、一律的な大手塾のレールに乗るのは難しいかもしれない……と思ったら、小規模塾も検討してみるといいと思います。

誤解4　塾検索サイトランキング上位だから信頼できる

塾検索サイトのランキングは当てになりません。塾比較サイトに評価を書き込むユーザーで、いくつもの塾を実際に経験して、相対的な評価をつけている人は、いたとしてもごく少数です。

塾検索サイトは、自宅の近くにはどんな塾があるのかを一覧で知ることができるのがメリットです。信ぴょう性の低いランキングですから、評価自体は真に受けないようにして、あくまで塾を知るためのツールとして使いましょう。

誤解5 高い合格実績を出しているから信用できる

「合格実績」で塾の指導力を測ることはできません。これは別のテーマでもお伝えしていることですが、**「○○中に○○名合格」という合格者数は、操作可能**なのです。合格実績のカウント方法は統一されていませんからね。

有名大手塾などは、もともとできる子が入塾してくるので、高い合格実績に見える数字を出しやすいのはあたりまえです。そうした塾は生徒のフォローをしない方針なので、結局、家庭教師や個別指導塾でフォローをすることが多々あります。その甲斐あって合格したとしても、塾の合格実績として合格者数がカウントされることになるのです。

▶ 合格実績はその塾の性格を見抜く指標

では、各塾の公表する合格実績は意味がないのかというと、そうではありません。**合格実績は見方によっては、その塾の性格を見抜く指標になる**のです。

たとえば、塾生の合格した学校の中から、難関校だけを掲載している塾や、偏差値順に合格校を掲載していて、偏差値の高い学校を特に大きく掲載している塾。こういう塾は偏差値が高い学校に塾生が合格していることを売りにしている塾で、そこに惹かれて入塾してくる人が多い塾だということがわかります。

逆に、あいうえお順に合格校を掲載している塾や、塾生の進学した学校だけを掲載している塾は、偏差値至上主義ではない運営方針、指導方針だということがうかがえます。

合格実績を見ることで、どんな学校を受験する層が多い塾か、何を重視している塾かが見えるのです。「合格実績」は指導力の指標とするよりも、どんな価値観の塾なのかをうかがう指標にするといいでしょう。

誤解6 早くから入塾したほうが有利

中学受験塾に入るなら、小6よりも小5、小5よりも小4から入塾したほうが、一般的には受験に有利です。でも、小4よりも小3、小3よりも小2、小2よりも小1から入塾したほうが有利かといえば、そんなことはありません。くり返しますが、小学校低学年までの成績上位層は、4年生頃になると、上位者ランキングリストからほぼ全員名前が消えます。

小学校低学年から塾に通うと塾に慣れることができますが、慣れには一長一短があるのです。慣れた結果、「これくらい復習しなくても大丈夫」「聞き流しても、どうせまたくり返すから」と思うようになっている子と、ハードルの高い入塾テストに合格して新小4の2月から入ってきた子とでは、緊張感が違います。

▶「後伸びする子」の特徴とは

ちなみに、後になって伸びる子には次の3つが共通しています。

- 好奇心が強い子
- いろいろなことを体験している子
- 集中力を持続できるだけの体力がある子

「好奇心」「実体験」「体力」。この3つが備わっていて伸びなかった子は、過去を振り返っても思い当たりません。

私は、小学校低学年から中学受験塾に入塾することを否定はしません。ただし、早くから入塾することで、机上の勉強ばかりになってしまって、「好奇心」「実体験」「体力」の3つを高める余裕がなくなってしまうと、本末転倒だと思っています。

誤解7　個別指導ならしっかり見てもらえる

個別指導というと、しっかりと面倒を見てもらえるイメージがあるかもしれません。でも、ひと口に個別指導といってもさまざまです。私が学生時代にアルバイトしていた塾では、講師ひとりが生徒3人を受け持ち、ひとりに解説をしている間はそれ以外の生徒にはワークに取り組ませるといったやり方でした。授業というよりも、自習管理です。

その一方で、講師ひとりが生徒ひとりに対して個別ブースのホワイトボードを使って授業をする完全マンツーマンのTOMASのような塾もあります。もちろんそのぶん費用がかかりますが、**お金をかけても一対一でしっかり見てもらいたいと思うのであれば、完全マンツーマンの塾を選びましょう。**

また、集団指導塾の系列の個別指導塾の場合、集団指導塾のほうで十分な成果を上げられなかったり、保護者からのクレームが多かったりした講師が指導に当たっていることがありますから、注意が必要です。個別指導塾の講師は、集団指導塾の講師以上に玉石混交（石多め）ですから、期待しすぎないことです。

誤解8　いい先生がいると評判だから期待できる

「あの塾の○○先生はとてもいい先生だから、おすすめだよ！」など、受験を終えた先輩ママ友のクチコミを頼りに塾を検討する方も多いと思います。でも、集団指導の大手学習塾の場合、せっかく入塾しても、**その評判のいい先生にわが子が教えてもらえる可能性はかなり低い**です。

大手学習塾では、学年が上がるほどクラス数が増えていきます。たとえばSAPIXでは1学年20クラス以上もある校舎も多く、東京校と自由が丘校では30クラス前後あります。また、塾は予備校と違い、講師を選べません。ママ友から勧められたその評判のいい講師に担当してもらえる確率は、コンビニで「一番くじ」を引いて、一発で目当てのフィギュアを当てるくらいに難しいものです。

そもそも保護者から評判になるほどの講師は、塾の本部も高く評価しているため、大規模校舎や新設校舎に異動になる可能性も高いです。もっと待遇のいい塾に移ってしまうこともよくあります。

そのため、**評判のいい先生がいるという理由だけで選ぶのは、リスクが高い**です。

誤解9　信頼している人が勧める塾だから大丈夫

信頼していて、教育観も近い人が勧める塾であれば、運営方針に納得できて、親としてもここに通わせたいと思えるかもしれません。でも、**実際に塾に通って授業を受けるのは、親ではなく、お子さん**です。これが、美容室やレストランなどの自分が利用する場所ではなく、親とは別の人間であるわが子が通う塾を探す難しさなのです。

信頼している人が勧めてくれた塾は、その人のお子さんには合っていたのでしょう。でも、わが子にもその塾が合うかはわかりません。私も友人・知人から、「うちの子にはどこの塾がいいと思うか」と質問されますが、お子さんの性格や勉強の進み具合を理解していないと、ここがいいと答えるのは難しいです。

信頼している人からのおすすめ情報は、その塾を検討するきっかけにするのであればいいと思います。でも、十分に子どもの気持ちや相性を確認せずに「あの人が言うなら」と入塾してしまうと、結局お子さんには合わずに退塾……ということになりかねません。

誤解10 大手学習塾なら安心

私が運営する月額会員サービス「保護者のための中学受験3分メソッド」には、毎日のように、わが子を大手学習塾に通塾させている保護者の方から質問や相談が届きます。

「四谷大塚ではタブレット学習を推奨しているが、あまりメリットを感じられない」「早稲アカに通っているが、宿題が多すぎてやりきれない」「Gnobleに通塾しているが、苦手な先生がいて行くのが億劫になり、成績も急激に下降している」など、有名な大手塾に通っていても、それぞれに切実な悩みを抱えておられます。

もちろん、大手がダメだと言いたいのではありません。**有名な大手塾だからといって、万人に合うわけではないので、安心はできない**ということです。

大手学習塾を選ぶのであれば、次のことを理解しておきましょう。

- カリキュラム、テキスト、テスト、授業は成績上位層に合わせている

- クラスも担当講師も頻繁に代わる
- やる気がある前提、高偏差値の学校をめざす前提で指導される
- SAPIXやGnoble、浜学園などを選ぶのであれば、フォローをどうするかをセットで考えて準備しておく必要がある
- 偏差値競争を煽られてプレッシャーがかかる

また、大手塾といえども、指導力の低い講師がいることも理解しておきたいです。**特に急速に校舎数、クラス数を増やしている塾は要注意**です。物件はお金を出せば増やせますが、指導力のある塾講師は簡単には育ちません。

▶ 大手塾ならではの強み

もちろん、大手学習塾ならではの強みもあります。SAPIX、Gnoble、浜学園などのテキストの洗練度と内容の濃さ、各塾が入試報告会で披露する圧倒的な情報量、習熟度別に細かく分けたクラス設定、レールに乗ることさえできれば難関校に合格できるカリキュラムなどは、大手ならではのメリットです。

大手学習塾を選ぶのであれば、そうしたメリットは最大限に活用したうえで、カバーしきれないところは、家庭教師などを頼ってフォローしてもらえるといいですね。

まとめ

- □ **塾選びはクチコミや他人の評価にとらわれない。**
- □ **大手塾、中小規模の塾それぞれの強みやデメリットを把握し、幅広く検討する。**
- □ **わが子に合った塾を探すことが大事。**

塾選びのための
アクションプラン

✓ 塾選びのためのアクションプランを把握する
✓ 塾選びで見るべき点を知る

いろいろと塾選びの難しさを述べてきましたが、では、お子さんに合う塾を選ぶためにはどうしたらいいのでしょうか？

おすすめのアクションプランを紹介します。

まずは、**ご家庭でお子さんを中心に、どのような将来を歩みたいのかを話す機会をつくります。**そうすると、どんな学校が良さそうかが、ある程度見えてきます。

どんな学校に進学するのが良さそうかが見えてきたら、そこに向かってどう勉強していくかを話し合います。親がどれくらい塾のフォローをできるか、できないならどれくらい費用をかけてプロに頼ることができるのか、目算を立てておきましょう。

つまり、塾を調べる前に、まずこちら側の状況を整理する必要があるのです。そのうえで、無理なく通塾できる範囲の大手学習塾を調べます。本書の中学受験大手塾比較のページ（152ページ）も参考にしてもらえたらと思います。

体験授業にはすぐ参加しない

ここがいちばん向いていそうだと思える塾が見つかっても、すぐにお子さんを体験授業に参加させるのはやめておきましょう。

塾の体験授業は、新築マンションのモデルルームのようなものです。行けば必ず住みたく（通わせたく）なります。

体験授業では塾も気合いを入れていますから、その塾の良い部分を最大限アピールしてきます。その結果、「なんて素晴らしい塾なんだろう！」という印象を持つことになり、この塾が最高だと盲目的になった状態で入塾することになるのです。

体験授業の前に、まずは入塾説明会に参加しましょう。

入塾説明会では、この塾は「わが子と合いそうか」「誠実そうか」という視点で塾を見極めます。塾の方針を聞くと、

- 「有名な学校に多数合格していること」を売りにしている
- 「1人ひとりじっくり面倒を見てあげることで勉強の楽しさを味わってもらうこと」を大事にしている
- 「好きな科目を好きな時間勉強できるシステム」を整えてリーズナブルに提供している

など、その塾が何を重視しているかがわかります。

説明会では、どれくらい本音で話してくれているかも重要です。エルカミノという、SAPIXの授業でも物足りないような子が行く塾の村上代表は「うちはできる子のための塾で、そうでない子は小4進学時のテストで振り分けて、ほかの塾に行ってもらったほうがその子のため」とはっきり言っています。

全方位的に力を入れている塾は存在しません。その塾が力を入れているところ、いないところをはっきりと伝えてくれるのは、誠実な態度だと私は思います。

体験授業を受けたわが子に聞いてみること

入塾説明会で良さそうな塾を探せたら、体験授業や公開講座を受けさせてみましょう。そして、体験授業・公開講座から帰ってきたわが子に「どんなことを授業でやったの?」と聞いてみてください。

その質問に子どもがどれくらい具体的に答えられるか、どのような表情でその質問に答えているかで、授業を担当した講師の指導力をうかがい知ることができます。どんなことを授業でやったのか、わが子の答えが具体的であればあるほど、その授業を理解できていて、内容が頭に残っているといえます。「まあ、だいたいわかった」などのあいまいな返答であれば、その授業はお子さんにあまり響くものではなかったことがわかります。

お子さんが感想を述べる際の表情にも注目です。おもしろい授業であれば、授業のことを思い出して目を輝かせて伝えてくれることでしょう。おもしろいと思えるものはそれだけ吸収して、頭に残ります。

講師が淡々と話す一方的な講義調の授業や、緊張感しかない授業では、昨今の思考力重視の入試問題に対応する力が養われません。「目は口ほどに物を言う」ともいいます。体験授業の感想をどんな様子で伝えるか、子どもの表情に注目です。

大手塾は合わないと感じたら

大手学習塾の説明会や体験授業に参加してみて、「うちの子は大手の指導のやり方には合わなそうだな」と思ったら、「塾検索サイト」を活用しましょう。評価を当てにするのはNGとお伝えしましたが、住まいのエリアに大手以外のどんな塾があるのかを調べるには便利です。

中小規模の塾などを調べ、問い合わせをしたり、塾へ赴いて直接塾長さんに説明を聞いたりしてみましょう。**大手学習塾では期待できないことを、中小の塾が強みとしているケースは少なくありません。**もし、今はすでに満席で入塾を締め切っていたら、そういう塾こそ期待ができます。

指導力のある塾は募集開始と同時に満席となることが少なくありません。欠員が出たら、または次回進級時のタイミングで入塾させてもらえるかを確認しましょう。

中小規模の塾では心配、やはり大手でないと……という方は、大手塾に入塾して、わが子が授業についていけなくなって切羽詰まる前に、個別指導塾や家庭教師など、セカンドオピニオン的な立ち位置で頼れる人を探しておくといいですね。

まとめ

- □ 良さそうな塾が見つかったら、まずは入塾説明会に参加する。
- □ 体験授業を受けた子どもの反応にも注目し、講師に指導力があるかを確認する。
- □ 説明会や体験授業に参加してみて「大手塾は合わないな」と思ったら、中小規模の塾を検討する。

中学受験塾比較（首都圏編）【四谷大塚・早稲アカ・日能研・SAPIX・Gnoble】

- ✓ 塾ごとの強み・弱みを理解する
- ✓ 各塾のイメージをつかみ、わが子に合った塾を探す

中学受験では、塾に通うのが必須といえます。でも、いざ「塾に入ろう」となっても、どの塾を選べばいいかわからない方も多いのではないでしょうか。ここでは、首都圏の4大塾とGnobleの特徴を紹介します。**塾によって、指導方針もカリキュラムも、めざす学校も大きく違う**ので、お子さんの個性やご家庭の方針に合う塾を見つけてくださいね。

四谷大塚 『予習シリーズ』を使う老舗塾

四谷大塚は1954年設立で、日曜のテスト会からスタートした老舗の塾です。毎週日曜のテストを受けるには「会員」「準会員」などの資格が必要で、その資格を得るために、四谷大塚のテストに準拠した塾に通うのが一般的でした。

それが10年くらい前から、入塾希望者の2人に1人は入塾できる**間口の広い塾**となっていきます。ただ、ここ最近は、ふたたび学力上位層向けの塾に戻ろうとしています。

▶ 中学受験のバイブル『予習シリーズ』

四谷大塚最大の特徴は、**抜群の完成度を誇るテキスト『予習シリーズ』**です。中学受験生の約半数が使っているといわれており、中学受験のバイブルとなっています。塾生でなくても、公式サイトから

ネット注文ができます。サンプルもダウンロードできるので、関心のある方は見てみてください。

『予習シリーズ』はその名の通り、**予習として子どもがひとりで読んでもわかりやすいように解説が詳しいのが特徴**です。特に理科・社会はカラー写真やイラストが多く掲載されています。親が勉強をサポートする際も、ポイントが整理されているため、とても扱いやすいテキストです。

しかし、残念ながら、改訂のたびに扱いづらくなっています。特に2021年の小4のテキストから大幅な改訂が行われ、トップ校向けに舵を切りました。国語は文章が長くなり、算数は問題が難しくなりすぎたことから、「改悪」という声も多いです。

▶「予習型」の塾

中学受験塾は「予習はしなくていい」という塾が多いですが、四谷大塚は『予習シリーズ』の名の通り、「予習型」の塾です。そこで、予習をきちんとやって授業に臨む子とそうでない子の差がつきやすい面があります。

ただし、直営校ではない準拠校の場合は、『予習シリーズ』を使いながらも「復習型」の授業を展開することもあります。

▶一律のカラーがない講師陣とAI教材の活用

ここまでお伝えしてきた特徴は、テキストの話が中心でした。**四谷大塚は、授業や講師にあまり特徴がなく、穏やかな講師が多い**です。

また、AI（人工知能）を使った、**「高速基礎マスター」というタブレットやスマホでの問題演習**を行っています。AIが搭載されている学習プログラムで、問題の正解、不正解の結果によってふさわしい次の問題が表示されるというものです。

これは四谷大塚の母体である東進ハイスクールを運営するナガセが大金を投じて開発したアプリケーションで、非常に強く推されています。ただ、ノルマを達成しないと、居残りや日曜日に塾に来ることを強制される教室もあるため、一部の生徒や保護者から「拘束基礎マスター」と揶揄（やゆ）されるなど不評を買っています。

中身は良いものの、システムの使い勝手もいまひとつなので、使いこなせるかはお子さん次第です。「高速基礎マスター」をやると決めたら、親御さんが付き添ってサポートしてあげる必要も出てくるかもしれません。

▶ 四谷大塚の特徴まとめ

四谷大塚の目標校レベルは、トップ校向けへとシフト中です。授業スタイルは、**オーソドックス**で、大量の問題を解いて、大量の宿題に取り組むというほどではありません。独学可能なテキストを使っているため、保護者のサポートは、他塾に比較して多くはありません。

車にたとえると、これまではカローラのような大衆車だったものの、これからはスポーツカーへというイメージです。服にたとえるなら、これまではユニクロでしたが、これからはグッチやプラダなどのハイブランド路線です。食べ物でいうと、オリジン弁当やほっともっとからデパ地下弁当へと移行しています。動物だったら羊の皮を被った狼ですね。

四谷大塚は**「SAPIXや早稲アカの雰囲気にはなじめそうもないけれど、難関校はめざしたい」**という子におすすめです。

早稲田アカデミー　本気の指導をするアツい塾

早稲田アカデミーは1975年に初代社長がつくった学習指導サークルから始まり、1976年に「早稲田大学院生塾」という名称で本格的に学習塾として発足しました。20年以上連続して早慶付属高校合格No.1を取り続けているので、早稲田の付属や系列への進学に強いのは間違いありませんが、早稲田大学とも地名の早稲田とも直接の関係はありません。

早稲田アカデミーは**四谷大塚の最大の準拠塾**でもあるため、メイン教材は『予習シリーズ』です。カリキュラムも『予習シリーズ』にもとづいて、テキストの学習カリキュラムと連動した「カリキュラムテスト」や「週テスト」と、5週間に1回の「組分けテスト」が行われるという、四谷大塚と同じ仕組みです。

▶ 体育会系の文化、指導スタイル

四谷大塚との一番の違いは、企業文化や講師の指導スタイルです。私は新卒で早稲田アカデミーに入社しましたが、まさに体育会系そのものでした。入社した日の研修で「100m先に人がいると思って、挨拶をし続けてください」と言われ、声がかれても「おはようございます！」と叫び続けたのは、未だに忘れられない思い出です。

早稲アカを象徴するアイテムに、「合格ハチマキ」があります。夏期講習や名物である日本最大規模の夏期合宿、正月特訓や入試前の激励会で、講師も塾生も「合格」と書かれたハチマキをしめて「絶対に

合格するぞー!!」と叫ぶのです。

このような体育会系の姿勢は、指導法にも表れています。宿題は生徒たちができそうな量の1.2倍くらいの量を出し、**徹底した反復トレーニングによって、学習内容を定着させます。**

早稲田アカデミーの教育理念は**「本気でやる子を育てる」**です。本気でやる子には向いているけど、本気でやらない子には向かない、好みが分かれる塾です。

また、大きな声を出す講師が多いです。本人は怒鳴っているつもりはないのでしょうが、そう聞こえることもあります。この点も、合う子と合わない子がいるでしょう。

「それがお前の本気か？　お前はもっとやれるよ!」と宿題をやって来ない生徒や、確認テストで合格点に満たなかった生徒を鼓舞して、授業後に自習室で面倒を見たりします。比較的面倒見の良い塾なので、**親が家庭学習の管理をしないと授業についていけなくなるという可能性は低め**です。

▶ NN志望校別コース

小6になると、選抜試験によって選ばれた「NN志望校別コース」という難関校突破のための講座が設けられます。各志望校別コースが主催する模試の成績がいいと参加資格を得られます。早稲アカの中でも指導力が高い看板講師の授業が受けられるため、他塾からの参加生も多いです。

ちなみにこの「NN」というのは、英語ではなく「何がなんでも」の略で、このあたりのネーミングセンスもまさに早稲アカらしさが表れていますね。

▶早稲田アカデミーの特徴まとめ

早稲アカの目標校のレベルは難関校です。授業は、予習も復習も大事、宿題は盛りだくさん、といった**量重視のスタイル**です。独学可能な『予習シリーズ』を使用し、面倒見も厚いため、保護者のサポートは多くはありません。

車にたとえるなら、ダンプカーやブルドーザー、装甲車といった、大排気量のパワフルな車です。服にたとえるなら、特攻服です。食べ物にたとえるなら、ラーメン二郎やカツ丼、特盛牛丼です。動物にたとえるなら、競走馬やイノシシなど、突進していくようなイメージですね。

早稲田アカデミーは、**体育会系のノリが好きな子や、お尻を叩かれないとがんばれないけれど、叩かれれば力を発揮するタイプの子に向いています。**

日能研　「Nバッグ」で有名な間口の広い塾

日能研は、四谷大塚に並ぶ中学受験の老舗で、早稲田アカデミーよりも2年早い1973年に設立されています。東海、関西、九州にも進出しているため、塾の規模は4大塾中最大です。

そんな日能研は、首都圏では株式会社日能研、いわゆる「本部系」と株式会社日能研関東、いわゆる「関東系」の2つがあり、それぞれ運営母体が異なります。**「本部系」は生徒の主体性を重んじる指導方針で、「関東系」は合格実績を出すことを重視する傾**

向が強いように思えます。

日能研というと、塾生が背負っている銀色のＮマークが光るリュック、通称「Ｎバッグ」や、電車内の「シカクいアタマをマルくする。」という、ユニークな中学入試問題を取り上げた広告も有名ですね。日能研、中でも「本部系」の日能研の教室は、現在では**4大塾中最も間口の広い塾**で、広い学力層の子を受け入れています。

▶ 予習は推奨しない

四谷大塚、早稲アカが予習ありきの授業なのに対して、日能研は予習を推奨しません。宿題も四谷大塚、早稲アカに比べると少ないです。宿題が少ないうえに、演習のくり返しは多いので、カリキュラム進度もほかの4大塾に比較するとゆっくりです。

▶ 校舎ごとの違いが大きい

日能研は運営母体が分かれていることもあり、運営する株式会社ごと、そして**校舎ごとの運営方法の違いが、4大塾の中で最も大きい塾**です。1クラスの人数も20人くらいの校舎から、35人以上の校舎などまちまちです。

毎週1週間（4年生は2週間）の学習範囲の「学習力育成テスト」があり、その結果によって、成績の良い順に座席の位置が入れ替わります。カリキュラムの進度はゆるやかですが、テスト結果によって座席順が決められる点は、競争心がある生徒向けかもしれません。とはいえ、この座席も校舎によって運用ルールが異なるため、一律に決まっているものではありません。気になる場合は、事前に確認してみましょう。

▶ 黒一色であまり見栄えのしないテキスト

『予習シリーズ』は見栄えのする配色、レイアウト、親切な解説が売りですが、日能研のテキストは黒一色で、あまり見栄えがしないデザイン、レイアウトです。生徒や保護者、講師からも否定的な意見が多かったため、2020年から随時改訂しています。以前よりは親しみやすさが増してはいるものの、理科・社会は特に、『予習シリーズ』と比べると見栄えの点で見劣りします。

その一方で、日能研の市販教材である算数・国語の『ベストチェック』(みくに出版)と理科・社会の『メモリーチェック』(同左)は、古いものながら、できがいいという塾講師からの声も多いです。

▶ 穏やかで年配の講師が多い

日能研の授業担当は、大学生アルバイト講師がいません。そこで、他塾に比べて、**年配の講師が多く、穏やかな授業をする**印象です。日能研には自習室があり、学習のフォローもしてもらえるので、他塾や家庭教師を併用しているという塾生は、少ないです。

▶ 日能研の特徴まとめ

目標校レベルは、最難関校から中堅校まで幅広いです。授業スタイルは、**大手塾の中では理解度重視、他塾に比べて進度もゆっくり**です。保護者がするサポートは比較的少なめです。

それでありながら、関東系の日能研には「TMクラス」という成績最上位生のためのハイレベルクラスも存在します。そういう意味でも間口の広い塾といえます。

日能研は車にたとえるならファミリーカー、服にたとえるならGUです。大衆的な印象ですね。食べ物にたとえるなら、庶民でも入りやすく、店舗によってメニューが異なる餃子の王将です。動物にたとえると、親しみやすいペットの犬や猫でしょうか。

日能研は、**「中堅校をめざしたい」「じっくり考えたい」「少しでも塾代を抑えたい」**というご家庭の子におすすめです。

SAPIX小学部 できる子たちが集まる塾

SAPIXは別の進学教室のトップクラスの講師が独立してつくった塾で、1990年代以降、**首都圏の学習塾で圧倒的な合格実績を出している「トップ校の登竜門」**です。

中学受験は、昔は5年生の春から準備を始めるのが一般的でしたが、今は4年生の春から始めるのが一般的です。

これは、SAPIXが小4スタートのカリキュラムにして、中学受験に向いている子を早めに入塾させるようにしたからです。SAPIXが急成長したきっかけでもあります。

現在でもSAPIXは当該学年よりも、かなり先取りのカリキュラムになっています。4年生以降に入塾するのであれば、入塾前に学校の内容の予習をしておくことが望ましいです。

▶ 学力上位層に合わせた指導

私はSAPIXを、**「できる子」をさらにできるようにさせるエリート養成塾**のように見ています。授業は成績上位の生徒に合わせて進められるため、授業についていけない塾生も多く発生しています。

SAPIX最大の校舎である東京校では、1学年当たり15〜20クラス、小6は約30クラスあります。これほどのクラス数にもかかわらず、塾生の使用テキストとカリキュラムは全クラス同じです。

クラスは「マンスリー確認（実力）テスト」や「組分けテスト」の成績をもとに入れ替えのタイミングがあり、**なんとかしてクラスを上げたいという意志の強い子には向いています。**御三家レベルをめざせる子の場合、授業を楽しんで受けているうちに自然とクラスが上がっていく子もいるでしょう。そうした子こそ、SAPIXに向いているといえます。

▶ 予習できない授業スタイル

SAPIXでは、「デイリーサピックス」と「デイリーサポート」という単元別の小冊子が授業当日に1冊ずつ配付されるため、**予習はできません。**毎回増えていくこの冊子を子どもが自分で管理するのは無理がありますから、ファイリングは基本的に保護者の役割です。また、この冊子は解説が少ないです。

宿題が出ないのも特徴です。そのかわり「家庭学習」用として、膨大なプリントを渡されます。家庭学習プリントは「宿題」ではないので、やらなくても怒られることはありません。ただしやらないと、一部の天才以外は授業で習ったことが身につきません。

プリントをやっていなかったとしても、早稲アカや日能研のように、授業後に講師が付き添ってやりきらせるようなフォローもありません。そもそもSAPIXでは、**講師に相談しづらい雰囲気がある**と多数の保護者がおっしゃっています。また、クラス替えが頻繁に行われて担当講師も替わるため、生徒の顔と名前が一致しない講師も少なくないそうです。

▶ 親のサポートは膨大

SAPIXでは、親がサポートしようと思って教材を見ても、解説が十分ではないため、親が教えるのは困難です。また、授業見学やオンライン授業の映像は親が見ることを禁じられているので、講師がどのように教えているのかもわかりません。自習室もなく、講師への質問は授業後に列に並んで順番が回ってきたら答えてもらうスタイルなので、じっくり聞くことはできません。

結局、多くのご家庭では、**SAPIXの個別指導部門のプリバートやそのほかの個別指導塾、家庭教師に授業の復習を見てもらう**ケースが珍しくありません。

SAPIXにお子さんを通わせるのであれば、月謝に加えてこうしたサポートのための出費も想定し、月謝の1.5〜2倍の費用がかかることを覚悟しておきましょう。

▶ SAPIXの特徴まとめ

目標校レベルは最高峰、御三家をめざす子向けです。カリキュラムのスピードは4大塾中で最速です。また、保護者のサポートを非常に多く必要とします。復習のための個別指導塾や家庭教師を併用することを前提に考えておくといいでしょう。

車にたとえるなら、スポーツカーやレーシングカーです。乗りこなせれば最速ですが、公道を走るだけなら持て余してしまうスピードです。服にたとえるなら、タキシードやドレス。着ているだけで、リッチな印象を周囲に与えます。食べ物にたとえるなら、高級感のある会席料理です。動物にたとえると、走れば誰も追いつけないチーターや、空高く舞う鷲(わし)です。

SAPIXは、**「SAPIX内で成績上位のαクラスに入れる学力がある」「御三家や、それに次ぐ難関校をめざしている」「思考スピードが早い」「親に教材管理や勉強のサポートをしてもらえるか、個別指導塾を併用できる経済的余裕のある家庭」の子に向いています。**

▼ 首都圏の4大塾特徴まとめ

	四谷大塚	早稲田アカデミー	日能研	SAPIX
目標校レベル	幅広い→難関校	難関校	幅広い	トップ校
授業スタイル	やや理解重視	量重視	理解重視	やや理解重視
保護者サポート	少なめ	少なめ	やや少なめ	非常に多い

Gnoble SAPIX創設メンバーがつくった新しい塾

最後に、Gnobleにも触れておきましょう。圧倒的な地位を確立したSAPIXから、創設メンバーがそのほかのSAPIX講師も引き連れて立ち上げた塾です。SAPIXの元幹部たちがつくったこともあり、**指導方針も志望校レベルもカリキュラムも月謝もほぼ同じ**です。

大きく異なるのは塾の規模で、Gnobleの塾生数は、SAPIX生の10分の1程度です。Gnobleの難関校への合格者数もSAPIXの10分の1

程度ですから、塾生数に対する難関校合格者の割合（合格率）で見ると、同じくらいの成果を上げているといえます。東京に8校、神奈川に3校、埼玉に1校、千葉に1校しかないので、**通える人は限られています。**

Gnobleは4大塾に比べるとまだ小規模なので、そのぶん講師との距離感もやや近いですし、クラス数も限られているので担当講師が替わる頻度も高くありません。SAPIXでは講師への質問時間が制限されますが、Gnobleでは制限なく質問可能です。

まだ塾生が多くないため、SAPIXの大規模校舎のように、トップクラスにはほぼ確実に御三家に合格できるような生徒が結集している、というほどの層の厚さではありません。そのため、学力トップ層の中で勉強したい場合は、SAPIXのほうがいいかもしれません。

ただし、GnobleはSAPIXよりさらに学習内容のレベルが高くなっています。**やる気と学力のある生徒だけを集める少数精鋭の塾**なので、トップレベルをめざさない子、まだやる気が高まっていない子にはミスマッチになりかねないので要注意です。

まとめ

- □ **塾ごとにカラーが異なる。**
- □ **塾によって必要なサポート量が変わる。**
- □ **各塾の特徴を知り、わが子や家庭状況に合う塾を見つける。**

中学受験塾比較（関西編）
【浜学園・希学園・馬渕教室・日能研関西・能開センター】

✓ 塾ごとの強み・弱みを理解する
✓ 各塾のイメージをつかみ、わが子に合った塾を探す

前のテーマでは首都圏の塾の特徴を解説しました。次は関西での塾選びをする方に向けて、関西の大手塾の特徴を紹介します。

浜学園　関西No.1、圧倒的な合格実績と講師力

浜学園は1959年の設立です。浜学園には「常在戦場」という標語があります。常に戦場にいると思え、ということです。この言葉が教室の黒板の上に掲げられています。こんな厳しいスローガンを掲げては敬遠するご家庭も出てきそうなものですが、**浜学園は関西では最大手の中学受験塾**です。

灘中の合格者数は日本一が続いていて、5年連続で90名を超える合格者を出しています。女子も、関西最難関の神戸女学院、洛南、西大和の合格者数が日本一です。浜学園がこれほど圧倒的な合格実績を出せる理由は、**圧倒的な講師力、圧倒的なテキストの質、そして塾生の圧倒的な学習量があるから**です。

▶ 圧倒的な講師力

浜学園の講師力の高さには定評があります。塾講師は、塾を選ばなければ簡単になれる職業ですが、浜学園では厳しい選抜があります。一次試験をクリアしたチューター、二次試験、准講師登用試験を

クリアした准講師、そして准講師の中から講師登用試験をクリアして講師になれるのが、1年間で30人にひとりくらいの割合です。

講師になった後も、生徒からの授業アンケートで授業満足度が集計されます。その結果は給料に反映され、評判が良ければ報奨金もありますが、アンケート結果が一定以下の割合になると、講師をやめさせられます。

また、**授業を抜き打ちでチェックする、チェッカーと呼ばれる人がいます。**授業をしている講師の声の大きさ、抑揚、生徒への質問頻度など、10段階で細かくチェックします。単に生徒ウケのいい授業をしているだけではダメなのです。

保護者の授業見学も認められていますし、全教室にカメラが設置されていて、職員室のモニターで授業の様子がリアルタイムでチェックされています。**保護者や同僚の目からも授業を監視されている**のです。

さらに「授業第一主義」として、講師は授業のために教室に入ったら、授業が終わるまで教室を出てはいけないルールになっています。講師室に忘れ物をしたり、生徒への配付物が足りなかったりしたら、インターホンでほかのスタッフを呼んで、教室まで持ってきてもらうという徹底ぶりです。

▶ 圧倒的なテキストの質

テキストは、イラストが多く、ポイントが絞られていて、解説がわかりやすいと評判です。浜学園の小5のテキストを完璧に理解しきれば、いわゆる難関校と呼ばれる学校でなければ、どこの学校を受験しても合格できる学力が身につきます。

▶ 圧倒的な学習量

浜学園では、膨大な量の宿題を塾生に課します。ただし、その宿題の管理は厳しくなく、**宿題をやりきれなかったり、授業についていけなかったりする子に特別なフォローはありません。**

授業時間も多く、特徴的なのが夏期講習です。一般に夏期講習というと、ふだんの夕方からの通常授業が、朝から昼すぎの授業に切り替わるイメージがあると思います。でも、浜学園の場合、**朝から昼すぎの夏期講習の後に、夕方からはいつも通り通常授業がある**のです。

小学校1年生から「灘中合格特訓」の講座が設置されていることも驚きです。小1から特定の学校の名前を冠するコースを設置するということは、首都圏の塾では考えられないことです。

▶ 浜学園の特徴まとめ

動物にたとえるなら、百獣の王ライオンです。車にたとえるなら、戦車です。「常在戦場」の浜学園ですからね。食べ物にたとえるなら、大盛りスタミナ丼。服にたとえるなら、軍服や鎧兜です。

浜学園は、**「灘、神戸女学院、洛南、西大和に受かるためなら全力で戦って、ライバルに勝ってやる」**と拳を握りしめる子、宿題に自分から取り組み、取捨選択しながら勉強することができる子におすすめです。

希学園　浜学園から独立した少数精鋭のエリート塾

希学園は浜学園の上位コースを担当していた有力講師たちが独立してつくった塾です。そのため、**特徴は浜学園とだいたい一緒**だと考えていいです。

違いは、浜学園は塾生数が多くクラス数も多いので、最終的には難関校とまではいかない学校に進学する生徒も多いことです。その点、希学園は1992年設立と、比較的新しい塾のため、校舎数も生徒数も浜学園の半数以下です。そのぶん、できる子が結集しています。

希学園は、ロゴの上に「難関国・私立中受験専門スーパーエリート塾」と書かれている通り、**浜学園よりもさらに学力上位層の割合が高い少数精鋭塾**なのです。

▶ チューターが細かく学習状況をチェック

塾生が少数なので、浜学園よりもチューターが機能している印象です。希学園も浜学園に劣らず宿題の量は多いですが、細かくチェックされ、やっていないと叱られます。面倒見がいいともいえますが、チューターに叱られるのが嫌で、とにかく宿題を終わらせるのが目的になってしまい、理解して身につけるというよりもただ「こなす」状態になっている子もいるようです。

浜学園ではオプション講座がたくさんあって、取捨選択して受講していくことになるのに対して、希学園のほうはシンプル。一括して受講する講座が決まっています。そのため**希学園のほうが授業時間が長く、月謝も高額**です。

▶ 希学園の特徴まとめ

希学園のイメージは浜学園に近いです。動物にたとえるならトラ、車にたとえるなら新型のハイテク戦車です。食べ物にたとえるなら特盛牛丼、服にたとえるなら洋画の「アイアンマン」が着ているパワードスーツですね。

浜学園の標語は「常在戦場」でしたが、希学園は「克己」です。**己に克つと書いて「克己」**、この言葉が書かれたハチマキを巻いて勉強します。

希学園に向いているのは、**「灘、神戸女学院、洛南、西大和に受かるためになんとしてでも己に勝ってやる」**と拳を握りしめて、己に勝つために先生に宿題管理もきっちりしてほしい、そんなお子さんやご家庭ですね。

馬渕教室　面倒見が良いが、指導力のばらつきあり

馬渕教室は、1973年に株式会社ウィルウェイが大阪府寝屋川市に教室を出したところから始まった塾です。中学受験だけでなく、高校受験や大学受験、英会話や幼児教育の教室も展開しています。塾の文化も、浜学園や希学園とは大きく異なります。全校舎に**「生徒の夢を大きく育て、絶対に実現させる」**という言葉が掲げられています。

▶ 親身な面倒見の良さ

馬渕教室は、**親身に面倒を見てくれるタイプの塾**です。「授業についてこられる生徒だけついてこい!」という成績上位者に合わせるスタイルは、トップ校の合格実績を出すには合理的なやり方ではあり

ますが、ついていけない生徒は置いていかれてしまいます。

その点、馬渕教室では、**授業についていけない生徒を出さないような指導システム**が確立されています。授業では毎回、宿題チェック、復習テスト、確認テストで定着度合いがチェックされて、定着度合いが低い場合には補習、居残り、再テストで、基礎からもう一度やり直しをさせられます。

成績中下位層に力を入れているのかというと、そうではありません。最難関向け講座には、予習動画授業を導入していて、対面授業の前に動画授業を受けて、授業では動画の内容の復習をするという反転授業で、授業の効果が最大限発揮されるようにしています。

▶ 拠点教室に有力講師が結集

馬渕教室は名駅本部校に力を入れていて、拠点教室と各駅本部校にベテランの有力講師を集結させています。名古屋では男子の成績トップ層は東海をめざすのですが、そういう子たちの学力をさらに高めて、灘も受けさせるのです。そうすると、名古屋の塾生も灘の合格実績に貢献してくれます。

馬渕教室は、とにかく灘の合格者を浜学園より増やしたいのですね。やり方には疑問がありますが、逆にいえば、**拠点教室や名駅本部校に通塾できるなら、指導力が期待できる**ということです。

▶ 人材が足りず、講師の力量差が大きい

馬渕教室は拠点教室や各駅本部校に力を入れているぶん、**そのほかの教室は、人材不足が否めません。**馬渕教室は、毎年すごい

勢いで校舎数を増やしていますが、有力な講師を育てるのには時間がかかりますから、人材育成が追いついていない校舎もあるでしょう。

また、馬渕教室では、面倒見の良い指導のために勤務時間が長くなったり、生徒アンケートをやっても結果が給料に反映されなかったりといった理由から、講師の離職率が高いようです。

通う校舎の状況によっては、ベテラン講師がやめてしまって、経験の浅い新卒の講師が必死で指導に当たっている……ということもあるようです。総じて、講師の力量差が大きいという声と、「講座に申し込んだのに申し込まれていなかった」などの事務関連のクレームも少なくないため、注意が必要です。

▶ 馬渕教室の特徴まとめ

動物にたとえるなら、「馬」と言いたいところですが、状況に合わせて変化するカメレオンですね。車にたとえると、一気に覇権を握りにかかっているテスラの電気自動車です。食べ物にたとえるなら、味変ができて、店によって味が異なる家系ラーメン、服にたとえるなら、見栄えのいい舞台衣装といった感じでしょうか。

馬渕教室は、**拠点教室か名駅本部校などに通える子で、灘をはじめとする最難関校をめざしたい、でも、浜学園や希学園の授業にはついていけそうもない**という子におすすめです。

日能研関西　アットホームな雰囲気の老舗進学塾

ひと口に日能研といっても、株式会社日能研、株式会社日能研関東、株式会社日能研関西、株式会社日能研東海、株式会社日能研九州と5

つの別会社から成り立っています。

大枠の指導方針はどの日能研も同じで、合格実績も共有していますが、**運営については、座席を前から成績順にする、しないなど、それぞれ異なります。**

ここでは日能研関西について紹介していきますが、前テーマの首都圏の塾解説で触れた内容も日能研の雰囲気を知る参考になると思いますので、あわせてご覧ください。

▶ 穏やかな文化

日能研はホームページで「学びコンセプト」として教育方針を示しています。その学びコンセプトは、**「未来への学び」**で、その後にはまるでポエムのような文体で方針が綴られています。

日能研は、今回紹介している各塾の中でも、最もマイルドな表現で方針を示しています。浜学園や希学園が狩猟民族なら、日能研は農耕民族のイメージです。アットホームな雰囲気があるのです。

そのためか、**講師の年齢層も馬渕教室に比べると高いですし、浜学園や希学園に比べると、カリキュラムの進度がゆっくり**です。講師の力量も各校舎に分散されていて、馬渕教室のように拠点校舎に集中しているということもありません。

宿題は少なく、テキストは浜学園や希学園に比べるとだいぶ易しいです。そのため、日能研グループ本部のペン先のロゴがついているテキストだけでなく、別冊テキストも活用されています。

▶ フォローは十分、トップ校をめざすにはパワー不足

関西の個別指導塾や家庭教師に聞くと、生徒は浜学園や希学園の塾生ばかりで、日能研生はほぼいないと言っています。それだけ**授業についていけない生徒が少なく、フォロー体制もしっかりしている**んですね。

でも、受験戦争を勝ち抜くための塾という観点からすると、パワー不足だともいえます。合格実績も灘をはじめとする関西最難関校についていえば、これまで紹介してきた3つの塾に比べると見劣りします。

「絶対に灘に入りたい」「最難関校をめざしたい」というご家庭よりも、**成績が伸びればもちろん上をめざしたいけど、ダメそうなら中学受験撤退も視野に入れている**というご家庭が、日能研を検討することが多いようです。

▶ 日能研関西の特徴まとめ

首都圏の塾紹介と同じになりますが、車にたとえるならファミリーカー、服にたとえるならユニクロやGUです。食べ物にたとえるなら、庶民でも入りやすく、店舗によってメニューが異なる餃子の王将です。動物にたとえると、親しみやすいペットの犬や猫ですね。

日能研は、**「何がなんでも最難関をめざしているわけではない」「じっくり考えることが求められる授業を受けたい」「少しでも塾代を抑えたい」**というご家庭の子に向いています。

▼ 関西の4大塾特徴まとめ

	浜学園	希学園	馬渕教室	日能研(関西)
目標校レベル	トップ校	トップ校	難関校	難関校〜中堅校
授業スタイル	量も早さも重視	量も早さも重視	バランス重視	理解重視
保護者サポート	多め	少なめ	校舎による	やや少なめ

能開センター　中堅レベル向けの塾

関西編の最後でも番外編として、能開センターに触れておきましょう。能開センターは、1976年、大阪難波で開校されて、今や東北や四国なども含めた18府県に100校以上の教室を展開している株式会社ワオ・コーポレーションの大規模進学塾です。

塾生の進学先は中堅レベルが多く、先に紹介した4つの塾と合格実績を比較すると能開センターだけ異なる位置にいるということが一目瞭然です。とはいえ、授業時間や日数は多いですし、テストの成績上位者を塾内放送するなど生徒の競争心を煽ることもしています。

母体のワオ・コーポレーションは教育とエンタメの融合を謳っており、授業は**「厳しさ・熱気・大笑い」**をめざしています。授業前にホームルームがあって、最近のニュースや受験への心構えなどを伝える時間が取られているのもユニークです。

馬渕教室と同様に**「講師によって指導力の差が大きい」という声が少なくない**ことが懸念点です。

まとめ

- □ 塾ごとにカラーが異なる。
- □ 塾によって必要なサポート量が変わる。
- □ 各塾の特徴を知り、わが子や家庭状況に合う塾を見つける。

コラム4

Q 子どもが個別指導塾の先生のことを舐めて勉強しません

A 結論から申し上げると、子どもに言い聞かせて、きちんと先生の言うことを聞いてやるようにさせるのは、そもそも無理があります。そこで、私から、ハードルの低さ順に3つの選択肢をお伝えします。

親が取れる3つの選択肢

1つめの選択肢は、**個別指導塾の担当講師か教室長に、もっときちんと取り組むように子どもに働きかけてもらうことを頼む**ことです。

貴重なお金と時間を使って塾に行かせても、ちゃんと取り組まなければ意味がないですからね。今のままであれば、もっとほかの習い事をやらせたほうがはるかにいいです。

2つめの選択肢は、**個別指導塾の担当講師を代えてもらう**ことです。

個別指導のメリットのひとつは、講師を代えられるところです。個別指導塾の講師は集団指導塾の講師よりも指導力に幅があるように思えます。特に小学校低学年の生徒の担当となると、教えることがほぼ素人レベルの講師の割合が高くなります。子どもにもっと集中させて勉強に取り組むように頼んでも、その講師が能力的にそれができないことが多いのです。

講師を交代してもらえれば、新しい講師という緊張感や、相性の良い講師に出会えて、子どもが今よりは集中して勉強に取り組むようになるかもしれません。

3つめの選択肢は、**思い切って個別指導塾をやめる**ことです。

近隣にほかに良さそうな個別指導塾があれば移るのもいいですし、集団指導塾を試してみるのもいいと思います。個別指導だと先生に甘えてしまっても、集団指導であれば、周囲を気にして自制するかもしれません。小5以上になると転塾するのがカリキュラム上難しくなるので、それまではいろいろな塾を経験して、お子さんに向いていそうな塾を探すことをおすすめします。

ただし、**子ども自身に塾で勉強する意思がないのであれば、今はまだ塾に通わせるタイミングではありません。**そうであれば、勉強以外の習い事をやらせるほうが有意義です。どうしても勉強をさせたいというのであれば、通信講座や、市販教材や、無料でダウンロードできる「ちびむすドリル」などにご自宅で取り組んで、通塾の時間やお金をほかのことに使ったほうがいいと思います。

第 5 章

入塾したら知っておきたいこと

通塾を始めたら確認したい8つのこと

✓ 遠慮せずに塾を使い倒す
✓ 塾を活用するためのポイントを把握する

塾はとことん使い倒す

塾に通い始めたら、塾をどんどん頼りましょう。講師にいくら頼っても、オプション講座などを追加しないかぎり塾に支払う費用は変わりません。塾は生徒の学力を上げたいと考えています。お子さんも学力を上げたいと思っているはずです。もちろん保護者も、わが子に学力を上げてほしいと願っていますよね。塾とお子さん、保護者、三者の目的は一致しているのです。

せっかく通い始めた塾ですから、受験を終えてわが子と**「あのときあの塾に通ってよかったよね!」**と振り返ることができるように、存分に活用したいものです。そこで、お子さんが塾に通い始めたら確認したい8つのポイントをお伝えします。

ポイント1 ちゃんと塾に行っているか

「行ってきます」と家を出たお子さんは、本当に塾に行っているでしょうか? 塾に出かけたとばかり思っていたわが子が、じつは授業を休んで本屋で立ち読みしていたことが、塾からの電話で発覚した……ということは珍しくないケースです。休まないまでも、サボって遅刻してばかりいる、ということもあります。

じつはこれは、小・中学生時代の私のエピソードでもあります。塾に行くのが嫌だった私は、毎日のように授業を休んだり、わざと遅刻したりしていました。わが子が毎回遅刻せずに塾に行っているか、塾の講師と話す機会があれば、ついでに聞いてみるといいでしょう。

塾への入退室記録がメールアドレスに自動送信されるサービスに加入している塾も多いので、要チェックです。

ポイント2　各科目の担当講師の名前を全員言えるか

通塾を始めて数週間経ったら、お子さんに各科目の講師の名前を聞いてみましょう。成績が上がる子は、塾の講師に頻繁に質問をするという共通点があります。**講師の名前を知ることは、気軽に質問ができる関係になるための出発点**です。「国語の先生」という呼び方から、早く「○○先生」と言えるようにしたいものです。

ポイント3　お子さんのクラスのレベルの把握

大手塾であれば、学力別に分けられた、複数クラスで運営されています。お子さんが所属しているのはどのレベルのクラスでしょうか。**クラスごとに目標校が異なりますから、志望校に合ったクラスに入れる学力をつける必要**があります。

クラス替えのタイミングはいつなのか、クラスを上げるためには何が必要なのかを把握して、目標を具体化することが大切です。保護者が講師に電話をして、確認しておきましょう。

ポイント4　プリント類はファイリングされているか

塾で配られるプリント類、通称「塾プリ」はきちんと保管できているでしょうか。各教科で補助教材や確認テストなどが配られますから、塾プリはすぐに膨大な量になります。通塾してまもないお子さんは、このプリントの整理がなかなか手に負えないため、最初は親が手伝ってあげるといいでしょう。

たとえば、科目分の色別のクリアファイルを用意して、書類立てに仕分けながら入れるなどの工夫をしている方もいます。ファイリングがきちんとできていると復習がしやすくなりますから、**塾プリの管理が、わが子の成績アップの第一歩**です。ちなみにSAPIXやGnobleは配布物が膨大なので、受験終了まで、テキスト冊子の管理は親の仕事になります。

ポイント5　授業の感想はどうか

ときどき、お子さんに各受講科目の授業の様子を聞いてみましょう。その返答で授業に対する理解度などが、ある程度わかります。授業の雰囲気を把握できていると、保護者面談の際も、より具体的な話ができます。

場合によっては「説明がよくわからない」とか、「困っていることがある」とお子さんが言うかもしれません。その際はできるだけ早く講師に相談して、対処してもらうようにしましょう。**塾は主体的に活用してこそ意味があります。**

ポイント6　自宅学習の時間は増えているか

通塾を始めてすぐに変化が表れるのは、自宅学習時間です。塾に通い始めてから、お子さんの自宅学習時間は増えたでしょうか？

多くの塾では宿題が出されます。自宅学習の時間が目に見えて増えたならば、とりあえず宿題には取り組んでいることになります。

一方で、通塾前と自宅学習の時間がほとんど変わっていない場合、宿題に取り組めていない可能性が高いです。どんな宿題がどれくらい出されているか、お子さんに聞いてみましょう。

ポイント7　確認テストで満点を取れるか

各科目の授業では「確認テスト」があります。たとえば国語では漢字、算数ならば既習分野の基礎計算などを確認するテストが行われます。**少し時間をかければ基本的に満点を取れる**もので、難しいものではありません。

この確認テストで毎回満点近く取れているでしょうか。確認テストで毎回満点を取ることが、学力向上のためにまず取り組むべきことです。

ポイント8　次回の総合テストの実施日はいつか

進学塾では数カ月に一度、学力を測定するためのテストがあります。「総合テスト」「まとめテスト」「実力テスト」など、塾によって呼び名は異なります。

総合テストは、1週間ごとの授業内容を確認する「週例テスト」などと違って出題範囲が広く、基本的な内容にとどまらず、発展的な問題が含まれるのが特徴です。このテストはクラス分けテストを兼ねることが多く、中期的な目標となるものです。**これらのテストの日程を把握しておきましょう。**

まとめ

- □ **きちんと通塾できているか、授業への感想などを確認する。**
- □ **プリント類のファイリングができていなければ手伝う。**
- □ **クラスレベルや総合テストの日程を把握する。**

塾の保護者面談で聞くべき3つのポイント

✓ 面談は受け身ではなく積極的な姿勢で臨む
✓ 面談後にも効果を発揮する質問をする

保護者面談を有効活用するために

保護者面談は、数ある塾のサービスの中でも大事なもののひとつです。受験指導のプロから、その子の現状にあった具体的なアクションプランを聞ける貴重な機会ですし、保護者から質問や働きかけを行える場でもあります。

塾の授業料には、保護者面談などのサービスの料金も含まれていますから、ぜひ有効活用してもらえたらと思います。限られた面談時間を最大限に生かせるよう、どこの塾でも、どの学年でも共通して役に立つ、塾の保護者面談で聞くべき3つのポイントをお伝えします。

1　事前に質問を用意しておく

面談の開始直後は講師のペースで話が進みますので、まずはじっくり話を聞きましょう。講師の話を聞く前に、一方的に愚痴をこぼし続ける保護者の方もいるのですが、もったいないことです。

多くの講師は、生徒の様子や模試の成績、これまでの面談の履歴や今後の課題など、たくさんの情報を把握・整理して、限られた面談時間の中でどう伝えるか、事前にシナリオを頭に描いてから面談に臨んでいます。

ですから、**面談で講師に伝えたいことや相談事があったとしても、まずは話を聞きましょう。**わが子が現状、何ができていて何が苦手なのか、課題解決のために塾としてどんなプランがあるのか、家庭で協力できることは何があるのかなど、たくさんの情報を手にできるはずです。話を聞いているうちに、相談したかったことの答えになるような情報も出てくるかもしれません。

講師は伝えるべきことを言い終えると、質問や話したいことがないか聞いてきます。ただ、急に聞かれると、「うちの子は塾でちゃんとがんばっていますか?」などと抽象的な質問をしてしまいがちです。これでは「がんばっていますからご安心ください」で終わってしまい、具体的な内容を引き出せません。

ですから面談には筆記用具を持っていき、**面談前にあらかじめ質問内容をメモしてから臨む**ことをおすすめします。日常生活の中でちょっとした疑問が浮かぶたびに、スマホにメモをしておいて、それを面談のときにまとめて質問すると便利です。

▶ 塾でのエピソードを聞いてみる

日々浮かんだ質問に加えて、**「うちの子の塾での印象的なエピソードは何かありますか?」**と質問してみましょう。日頃から生徒1人ひとりに気を配っていれば、簡単に答えられる質問です。すぐに何かエピソードを紹介してくれる講師であれば、ひとまずしっかりと見てくれているといえます。この質問で、目の前の講師がどれくらい親身にわが子と関わっているかをチェックできますね。

返答に詰まるようなら、後日、電話で教室長に、「うちの子についていちばんわかっている先生と面談したいのですが」と依頼すればいいのです。

また、**この質問をすることで、講師は今まで以上に、お子さんへの関心を高めます。**次の面談でまた同じ質問を受けた場合に備え、この生徒のことは特によく観察して、日頃からコミュニケーションを取っておこう、と講師が思うわけです。

講師から何かいいエピソードを聞き出せたら、お子さんに伝えて、「塾でがんばっているんだね」と感心を示すのも忘れないでくださいね。

2 具体的に質問する

塾の保護者面談でするべきことの２つめは、具体的に質問することです。たとえば、「先日の模試の成績表を持ってきました。**それぞれの科目で、次回の模試であと10点取るためには何が必要ですか？**」といった聞き方をしてみるのです。

頼りになる講師なら、具体的に教えてくれるはずです。もし、具体的なことを伝えてもらえなかったら、「後日また伺いたいので、そのときにアドバイスをもらえますか」と、講師への宿題にしてしまいましょう。この質問をすることで、講師はお子さんへの指導をより具体的にイメージすることになります。

私自身も、教室をマネジメントする立場だった際に、各科目の講師に「この子が、次回の模試であと10点取るためには何が必要ですか？」という質問をしていました。

お子さんの志望校が決まっている場合は、**過去にその志望校に受かった子たちがこの時期の模試でどれくらいの成績を取っていたか**を聞くのも有益です。現状の成績と、志望校とのレベルの差を知っておくことで、これから何をどれくらい勉強する必要があるのかがはっきりしてきます。

3 これからの指導計画を聞く

わが子の現状の課題がはっきりしたら、今後のことを聞きましょう。「これから2学期が始まるまでの期間、**どんな計画で指導を進めて得点力をつけていくのか、できるだけ具体的に教えてください**」と尋ねて、聞いた内容をメモします。

さらに、「夏期講習が始まる前くらいに、計画通りに進んでいるか、またお伺いしていいですか?」と付け加えると完璧です。これで講師も今まで以上に、お子さんの指導に気合いが入るはずです。

実際に1カ月後くらいに、計画通りに進んでいるか、軌道修正が必要かどうかを聞くといいでしょう。お子さんがこれからどの科目をどのように勉強すればいいのかが明確になります。

面談では抽象的な言葉に注意する

面談では、**抽象的な言葉で会話を進めないこと、抽象的な言葉に流されないようにすること**が大切です。「大丈夫ですか」「がんばっていますか」など、あいまいな表現は使わないようにしましょう。講師からの説明にこのような言葉があった場合にも、注意が必要です。

現在の課題はどんな点で、それをどのようなやり方で克服するよう指導してくれるのか。その成果が出始めるのは、いつくらいを想定しているのか。**「何をいつまでにどのような方法で」**進めるのか、質問によって具体化させましょう。

指導力があり、お子さんのことをよく見ている講師なら答えられるはずです。貴重な時間を受け身の姿勢で終えず、賢く保護者面談を活用してくださいね。

まとめ

- □塾の保護者面談に向けて、日頃からスマホにメモを取るなどして、事前に質問を用意しておく。
- □「あと10点取るためには何が必要ですか？」など、具体的に質問をする。
- □これからの指導計画を聞き、次回の面談で進捗を確認する旨を伝えておく。

塾通いをしても成績が上がらない生徒とは

- ✓ 塾にどんな姿勢で通うかによって、結果は変わる
- ✓ 成績が上がらないパターンと改善策を把握する

塾の成果を決めるのは

塾というのは特殊なサービスです。1カ月に3万円払って、その対価として人生が劇的に変わるような体験につながることもあれば、何も得られないどころか時間も自信も失ってしまうこともあります。

私は、小学生から中学卒業まで塾に通いましたが、残念ながらムダでした。授業に集中できず、宿題もやらず、塾に行くと言って家を出て、コンビニで漫画を立ち読みしたり、ゲームセンターで時間をつぶしたりしていました。

でも、高校卒業後に入った予備校では、人生の目標にしたい講師に出会い、それがきっかけで今日まで受験指導に携わっています。小・中学生時代は塾にかけたお金も時間も捨てているようなものでしたが、予備校はその後の人生の方向性を決定づけたのです。

これは、私の通っていた塾がダメで、予備校が良かったという話ではありません。**通っている私の姿勢が、結果の良し悪しを決めた**のです。そんな私自身の体験から、そして長年の指導経験の中から、塾に通い続けても成績が上がらない生徒には、共通点があることに気づきました。

そこで、成績が上がらない子に共通するNGパターンと、改善のための対策プランを紹介していきます。もしお子さんが当てはまってしまったとしても、対策プランを実行していくことで、きっと成績が上がっていくはずです。

NG1 塾通いの目的が親子ともに具体的でない

高い月謝を払って塾に通わせるには、理由があるはずです。入塾の理由として挙げられるのは、「成績を上げたい」ということでしょう。でも、**「成績」とはいったいなんの成績でしょうか？**

ひと口に成績といっても、どの教科のどんな分野の成績でしょうか？ 上げるというのは偏差値でしょうか、点数でしょうか？ 順位でしょうか？ 点数や順位をどれくらい上げたいのでしょうか？

「成績」は学力が上がれば合わせて上がるというものではありません。学力が上がっても、成績は下がるということはあるものです。漠然と「成績を上げる」ことを目的としていると、なかなか目標を達成できず、わが子のやる気が失われてしまいがちです。

対策 志望校を定めて、目標を数値化する

ただ「成績を上げる」というだけでなく、具体的な目標を持ちましょう。どの科目のどのテストで、いつ頃までに○○点取れるようにする、偏差値○○をめざす、など、塾の講師と相談しながら目標を具体化させましょう。

志望校も、勉強する動機につながります。学校見学をして行きたい学校がはっきりすると、勉強に熱が入ります。成績を大きく上げる生徒は、志望校が明確です。

具体的な「受験校」を決めるのは入試が迫ってからですが、「志望校」を見つけるのは早ければ早いほどいいといえます。親子で一緒にいろいろな学校のホームページや学校紹介動画を見てみるのはいかがでしょうか。実際に学校に行かなくても、子どもが具体的なイメージを思い描けるようになるのでおすすめです。

NG2 授業を休みがち、遅刻しがち

授業は前回、次回とのつながりを考えたうえで、この授業では何をどの順番でどう伝えるか、演習時間はどれくらいにするかなど、考えたうえで行われています。そのため、1回授業を休むだけでも、遅れを取り戻すのには時間がかかります。

遅刻も同様です。授業はたいてい、確認テスト→前回の授業の確認→新たな単元の説明→問題演習→答え合わせという流れです。**授業は、復習と新たな単元の説明がある前半が重要**なのです。後半から授業に参加するのは、映画やドラマを後半から見始めるようなもので、よくわからないまま授業を終えることになります。

何かの都合で授業を休みがち、遅刻しがちだということであれば、都合が合う塾に変えることをおすすめします。

対策 授業がない日でも塾へ行く習慣をつける

自習室がある塾に通っているのであれば、お子さんに、授業がない日にも塾に行くように勧めてみましょう。子どもとそんな約束をしたことを講師に伝えておけば、講師も喜んで面倒を見てくれるはずです。

成績が上がる生徒は、授業を欠席・遅刻しないのはもちろん、**授業のない日も塾へ勉強しに来ます。**自分の部屋と違って勉強以外へ

の誘惑もないし、わからないところがあれば講師にすぐに聞いて解決できます。宿題が終われば、新たにプリントをもらって勉強できます。そんなふうに**塾をムダなく使っている生徒は、確実に成績を上げていきます。**

NG3 ネガティブ思考

模試の成績表が返ってきたとき、よくできた科目に喜び、できていなかった科目や単元は冷静に受け入れる生徒は成績が上がります。一方で、できなかった科目の結果に打ちひしがれ、「どうせ自分なんか」と落ち込む生徒は、成績が上がるのに時間がかかります。

これは親にもいえることです。子どもの持ち帰った成績表を見て、良かった点を認めるのが子どもを伸ばす親です。一方で、良くなかった点を真っ先に見つけて責めるのが、子どものやる気をそいでしまう親です。

わが子がテストの結果や成績表を親に見せるのを嫌がったら、要注意です。知らず知らずのうちに、子どもをネガティブ思考に誘導しているかもしれません。できていないところは、子ども自身も自覚しているから隠そうとするのです。

対策 できているところを見つけて、認める

子どもにできていない点を指摘しても、解決しません。ネガティブ思考に傾きがちな子には、できている部分に目を向けて、認めてあげる必要があります。

一見できている部分がないように思えても、少し前の状況と比べれば進歩はあるはずです。そもそも、たとえ進歩が見られなくてもカリキュ

ラムは難しくなっているわけですから、現状維持でもできるようになっているのです。

NG4　疲れていて元気がない

成績が上がる生徒は反応が良いです。理解したときにはうなずき、わからなければ首をかしげ、授業後に質問しにきます。

一方、成績が上がらない生徒は、授業が始まる前からすでに疲れています。「昨日、何時に寝たの？」と聞くと、たいてい深夜で、寝不足のせいで授業に集中できていないのです。

対策　睡眠時間の確保を最優先にする

睡眠は何よりも優先しましょう。

睡眠不足で規則正しい生活リズムが乱れた子どもは、身体と脳の発達が遅れ、精神が不安定になる可能性も高いです。寝不足が続いているようであれば、成績のためだけでなく、今後の人生のためにも、改善が必要です。

睡眠時間が短い先進諸国の中でも、日本は特に睡眠時間が少ないのをご存じでしょうか。日本の中学生の睡眠時間は平均7時間台ですが、これは、アメリカの中学生より約30分、欧州諸国より約1時間半も短いのです。

寝ている間に脳は記憶の整理を行います。睡眠時間を削って勉強するよりも、思い切ってその勉強時間を睡眠に回したほうが高い学習効果を発揮できることが多いのはそのためです。

NG5 自分のやり方を変えない

「守破離（しゅはり）」という言葉を聞いたことがあるでしょうか。古来日本に伝わる茶道や武道などの、伝統的な師弟関係のあり方を伝える言葉です。茶道や武道など、「道」がつくものは、師匠に言われた型を「守る」ところから修行が始まります。教わった型を完全に自分のものにしたら、その型を研究し、自分に合ったより良い型をつくることによって、身につけた型を「破る」段階に進みます。やがて最後には、師匠の型、自分自身がつくり出した型からも「離れ」て自在になります。

塾も同じです。**「受けた指示にまずは従って試してみる」**という姿勢がある生徒は伸びます。一方で、かたくなに自分のやり方を変えない生徒は伸び悩みます。

対策 板書ノートをチェックする

塾の講師が伝える「型」をどれくらい素直に受け入れているかは、わが子の板書ノートを見ればわかります。素直な生徒は講師の板書や口頭で伝えられた指導ポイントを、忠実にノートに写し取っています。

最近、わが子のノートを見ていないなと思ったら、見せてもらうといいでしょう。ちゃんとノートがとれていないようなら、塾の講師に相談です。遠慮せず、気になることは聞いてみましょう。

まとめ

- □成績が上がるかは、塾に「通う姿勢」で決まる。
- □「成績の上がらないNG行動」をしていないか確認する。
- □NG行動に当てはまる場合は、それぞれの改善策を実施する。

塾のオプション講座は必要？　不要？

✓ 受け身での受講はマイナスに作用することもある
✓ 経済面や学習面で受講する余裕があるかを検討する

塾は「課金したぶん有利になる」わけではない

塾に通い続けていると必ず直面するのが、「日曜特訓」「正月特訓」「志望校対策講座」といったオプション講座を受講するかという悩みです。各塾の看板商品でもありますから、塾講師も受講を勧めてくることでしょう。でも「強く勧められたから」「周りもみんな受けているから」といった受け身の姿勢で受講すると、効果を得られるどころか、マイナスに作用する危険性があります。

塾は、課金をすれば確実に何かが手に入るスマホゲームとは違います。**お金をかけてサービスを受けることが、受験で有利に働くとは限らない**のです。明確な目的を持たずにオプション講座を受講すると、どんなマイナス面があるのかを、3つ説明していきます。

1　費用負担が跳ね上がる

まずは、費用負担の問題です。毎月の高額な月謝に加えて、夏期講習や冬期講習ではさらに費用がかかります。**これらに加えてオプション講座まで受講するとなると、また費用がかさむ**わけです。

受験学年ではない家庭は、これから学年が上がるにつれて、かかるお金も増えていきます。受験学年の6年生も「お金がかかるのはこれが最後」ではありません。受験本番を迎える頃には、受験料や宿泊費、交通費、合格が決まってからも私立中の入学金、制服代、寄付金、修学旅行費積立金……など、**この先まだまだお金は必要になる**のです。

特に、フォローが少ない塾にお子さんを通わせている場合、個別指導塾や家庭教師など、なんらかのサポートをプラスしているご家庭が半数はいる印象です。個別指導塾や家庭教師は資金次第で成績アップのために使える切り札です。オプション講座を受講するならこうした出費も想定したうえで、受験の最終局面で資金不足にならないよう注意が必要です。

オプション講座が気になっている方は、**早い段階で費用や内容を塾に確認しておきましょう。**

2 受講しただけで勉強した気になってしまう

ふだんの授業にプラスして授業を受けると、なんとなく勉強したような気になります。でも、勉強をした気になっているだけで、実力が上がったわけではありません。

授業は、復習して、解き直して、できなかった問題を復習して、また解き直して、少し期間をおいてまた解き直して、できなかった問題を復習して……というくり返しの中で、少しずつ実力となっていくものです。**オプション講座にただ出席して終わりにならないよう、「わかる」が「できる」、「できる」が「身につく」になるまで反復練習をすることが必要**です。

3　通常授業の復習時間が減る

オプション講座を受講したばかりに、通常授業の復習がおろそかになってしまっては、本末転倒です。

そもそも塾は、通常授業で生徒を合格に導けるようにカリキュラムをつくっています。通常授業をきちんと受けて、内容を理解し、復習して定着できれば、本来オプション講座は必要ありません。だから、優先順位としては、**まずは通常授業の復習に力を入れる**ことです。

「まずは」と言いましたが、ほとんどの子が、通常授業の復習をしきれていません。オプション講座はあくまで「オプション」。通常授業の復習ができていないのにオプション講座を受講すると、かえって成績は上がらなくなってしまいます。

▶ アウトプット不足に要注意

通常授業がない日は、まとめて復習ができる大事な日だといえます。それをオプション講座受講というインプットに当ててしまうと、**アウトプット不足になりがち**です。勉強は、知識を頭に入れるインプットも大事ですが、頭に入れた知識を使って問題を解くという、アウトプットのトレーニングも必要です。

勉強しているわりには点数が伸びないという子は、たいていアウトプット不足です。授業で教わったことをテキストやノートを見ながら、誰かに教えるように説明できるか。自分ひとりで、テキストやノートを見ないで問題を解くことができるか確認してみてください。**最優先は、通常授業の復習**です。オプション講座を受講する余裕があるのかどうかを検討しましょう。

小６の「特定校対策講座」「正月特訓」は？

受験を間近に控えた小学６年生は、**時間が限られているからこそ、取捨選択が大事**になってきます。受験学年だから受講してあたりまえ、と思い込まずに、本当に必要なのかを冷静に判断しましょう。

特定校対策講座は、その学校を受験するのであれば意味があります。そうではなく、対象の学校と同レベルの偏差値の学校を志望している、といった状況ならば、過去問を中心に家庭学習をするほうが志望校合格に近づけます。

また、正月特訓は得点力アップというよりも、誘惑が多い時期に勉強に向かい、正月まで塾に通うことで、「やることはやった」と思える、といったメンタル面での効果を狙う意味合いが強いです。そうした精神面の効果を狙っての受講ならばいいのですが、必須ではありません。

オプション講座を受けない場合は、受験する学校の過去問を、解き直しも含めてくり返しましょう。そして過去問を解く中で浮かび上がった課題を埋めるために、塾教材を中心にインプットをし直しましょう。

まとめ

- □ オプション講座は、周りがみんな受けるから、勧められたからといった受け身の姿勢で受講を決めない。
- □ 受験の最終局面で資金不足にならないか、見極める。
- □ まずは通常授業の復習が最優先。そのうえで受講する場合にはくり返し復習し、出席しただけにならないようにする。
- □ 小６のオプション講座は、目的に応じて取捨選択を。

親が塾から言われる無理な注文への対策

✓ 塾からのアドバイスの生かし方を知る
✓ 親の知識や視野を広げることが大切

わかっていても難しい、塾講師からのアドバイス

塾の保護者会や保護者面談で、講師は保護者にさまざまなアドバイスをします。でも、保護者からすれば、アドバイスの内容はもっともだと思っても、それを実行するのが難しいのですよね。

そこで、保護者が塾からよく言われることを例に挙げながら、どうすればそのアドバイスを実行に移せるのかを紹介していきます。

1 「偏差値で学校を選ばない」

「学校の価値は偏差値では決まらない」という話をされることがあります。正論ですし、私自身がよく言っていることでもあります。この本でも何度かくり返していますね。でも、親としては偏差値がどうしても気になってしまうものです。

いいなと思う学校でも、高い偏差値だと「うちの子には厳しいかな」と思ってしまったり、逆に偏差値が低い学校だと「人気がないのは、何か理由があるのでは」と心配になってしまったりするのは仕方のないことです。

偏差値というのは、数字です。数字だけ見れば、40より50のほうが上だし、50より60のほうが上なのは事実です。**学校の中身につい**

てよく知らないと、「数字」で判断したくなります。明確でわかりやすい指標だから、つい左右されてしまうのです。

▶ 中身で判断できるように情報収集する

小4・小5までは、お子さんの偏差値に合わせて志望校を選ぶのはまだ早いといえます。小6になってから偏差値が20以上も上がる子も、珍しくないからです。

まずは学校についての情報を集めましょう。志望校選びのテーマ（94ページ）でも触れたように、学校見学や文化祭に参加するなど直接足を運んでみると、数字では測れないものを感じ取ることができます。校長の話を聞いたり、校舎の雰囲気を肌で味わったり、部活の様子を見たりすると、実際にここに通ったら……というイメージも湧いてきます。

その学校ならではのカリキュラムや特別コースについても調べてみると、おもしろい発見があるかもしれません。海外研修や文化体験、自然体験の機会が設けられていたり、独自の授業を行っていたりするなど、学校ごとに力を入れていることがあるはずです。

こうして偏差値以外の判断材料が増えていくと、偏差値54のあの学校よりも偏差値49のこの学校のほうが魅力的かも……と主観的に判断できるようになります。日本ではとかく客観的判断を求められることが多いですが、私は**主観的判断こそ大事**だと思っています。

そもそも日常生活では、数字よりも感覚で判断することのほうが多いのではないでしょうか。私は霜降り肉よりも赤身肉のほうが好きですし、料亭の会席料理よりも、家系ラーメンに食欲をそそられます。でも、食べたことのないメニューであれば、価格でしか判断できません。

中身を知れば、値段の高さに関係なく、自分で判断することができます。周囲の評価ではなく自分が「これがいい」と言えたら、それが最高の選択ですよね。

人がどう判断しようと、自分やわが子が気に入った学校が「いい学校」なのです。そんな主観的判断ができるように、学校の情報を多面的に集めていきましょう。

2 「ほかの子と比べない」

「ほかの子と比べずに、お子さんを見てあげてくださいね」とアドバイスされることがあります。比べても意味がないということは、多くの親御さんがわかっているはずです。よそはよそ、うちはうちだとわかっているけれど、つい比べてしまうんですよね。

後から塾に入ってきた子が、成績を大きく伸ばして上のクラスに行ったり、両親ともに子どもの受験に関心がなさそうな家の子が、常にトップクラスに居続けたり。そんな光景を目にすると、「どうして」という焦りや羨望が湧き上がってくるのは人として自然なことです。

▶ 比べる気持ちは受け入れ、わが子に合うやり方を探す

ほかの子、ほかの家に対する憧れや嫉妬の気持ちに、無理にフタをしようとする必要はありません。人と比べるのは人間の本能なので、抗いがたいものがあります。

大事なのは、**成績がいい子、ほかの家のやり方を絶対視しないこと**です。真似してみるのはいいですが、わが子ならではの、わが家ならではのやり方を工夫して、いろいろと試してみましょう。

受験勉強でも、社会に出てからも、結果を出している人は、自分に合ったやり方を見つけてそれを楽しんで実践し続けている人です。「いい勉強法」「いい塾」「成功の秘訣」というのは、うまくいっているその人には合っているのでしょう。

でも、**その方法がわが子に合うとは限りません。**むしろ、わが子に合わない確率のほうが高いはずです。「これはわが子に合うやり方かな?」と考えながら、いろいろと試していきましょう。

3 「お子さんを信じてあげてください」

塾での受験前の最後の保護者会では、決まり文句のように、講師が**「最後は、お子さんを信じてあげてください」**と言います。

でも、実際のところどうでしょうか。お子さんの合格を、信じられますか? 正直なところ、いちばん信じられないのが、ほかならぬわが子……という方も多いのではと思います。

入試では、合格最低点プラスマイナス1点のところに最も多くの受験生がひしめいています。もう一度同じ受験生に似たような入試問題を解かせて試験をしたら、合格者の半数近くが入れ替わるだろうということを、入試問題をつくっている私立中の先生がおっしゃっていました。

受験に合格できるかどうかは、実力だけでなく、運も左右します。よほど余裕のある受験でない限り、必ず合格するとは言えないものです。受験に「絶対」はありませんから、**チャレンジをするお子さんを「信じる!」と言い切れなくても当然**のことなのです。

▶受験合格ではなく、わが子の将来を信じる

わが子の合格は、簡単に信じることはできないかもしれません。でも、受験の結果がどうであれ、わが子がその結果を受け入れて、人生を前向きに歩んでいくことは信じているはずです。少なくとも、信じたいものですよね。

だから、「お子さんを信じてください」と言われたら、わが子が受験に合格するということを信じるのではなくて、**結果のいかんにかかわらず、その結果を受け入れてわが子が歩み続けていくことを信じてほしい**のです。

受験結果がたとえ不本意なものであっても、お子さんはその結果を親以上に柔軟に受け入れて、その環境に適応していくものです。仮に進学先の中学校・高校にすぐ適応しきれなくても、やがては自分の生かし方を見つけていくはずです。

合格を信じるのではなく、わが子の将来を信じてあげてほしいと思います。

まとめ

- □ 偏差値で学校を選ばないために、学校の情報を集めることで偏差値以外の視点を得る。
- □ ほかの子と比べないのは難しい。比べてしまう気持ちは仕方ないと割り切り、わが子に合うやり方を試行錯誤する。
- □ 受験合格を信じるのではなくて、わが子の将来を信じる。

コラム5

Q SAPIXの小1クラスにいますが、家庭用教材も復習もやりません

A 結論からお答えすると、復習しなくていいです。**むしろ、復習しないほうがいい**です。……というと、「え、だってSAPIXのテキストは冊子の一部しか授業で扱わないのに、残りは無視して本当にいいの?」って、思いますよね。

いいんです。SAPIXに限らず、どこの塾も小3までのカリキュラムは、受験に必須の内容ではありません。最難関受験指導塾のSAPIXであっても、小3までは受験指導の専門家ではなくて、子育て経験のあるママさん講師が担当することが多いですしね。低学年の授業では、受験に必須のことを教えるというよりは、勉強を好きになってもらうことをめざしています。

▶いろいろ体験して「好き」がある子こそ強い

自宅では復習よりも、もっと大事なことがあります。それは、学校の教科書や塾のテキスト、市販のドリルなどの机上の勉強ではなくて、**体験から学びを得る**ことです。

特別な体験でなくてもいいのです。自宅でいろいろな物の長さや重さ当てクイズをしたり、家の中にある空き箱などを組み合わせて工作をしたり、地域の子ども向けイベントに参加したり、受験勉強とは関係のなさそうな習い事をしてみたりすることが良い体験になります。

じつはそのようなことが、学びにつながっています。そういった体験を積んでいることが、後から学力が伸びる子の共通点です。

そしてもっと大事なことは、**いろいろ体験して好きなことを見つける**ことです。なんでもいいんです。なんでもいいから好きなことがある子は、それが軸となり、原動力となって、今後その好きなことへの関心が薄れても、また別のことへの関心につながります。そういう子は中学受験でも力強いですよ。

小4になったら日々の復習に精一杯になるので、それまではお子さんの関心を起点にいろいろ試してあげるといいと思います。

第 6 章

わが子の成績を上げるために知っておきたいこと

親がやってはいけない3つのNG

✓ついやってしまいがちなNG行動を知る
✓長い目で見て子どもへの接し方を考える

保護者の役割は

よく「中学受験は親の受験」などといわれますが、私は、中学受験は、子ども自身の適性と勉強姿勢がそれぞれ3割で合計6割、塾講師の指導と保護者のサポートが2割ずつ、後は入試本番の運だと思っています。保護者の役割が2割というと少ない気がするかもしれませんが、**保護者には、保護者にしかできない役割があります。**

たとえば子どもの生活面のサポートとメンタルケア、勉強しやすい環境づくりなどです。

一方、保護者が塾講師や家庭教師のように子どもの勉強を押し進めると、かえって子どもの成績にブレーキをかけることになったり、精神的に追い詰めてしまったりすることになります。

どんな行動がお子さんに良くない影響を与えてしまうのか、具体的に紹介していきます。

NG行動1　テスト結果を責める

お子さんからテスト結果を受け取った際、できているところに着目するでしょうか。それとも、できていないところに目が行くでしょうか。**偏差値が国語60、算数40、理科40、社会60というテスト結果をわが子から受け取ったとしたら、どんなリアクションになりま**

すか?

できが良くなかった算数と理科にまず目が行くのは自然なことです。でもその気持ちをそのまま「どうしちゃったの、この算数と理科は!」と言葉にしてしまうと、子どもは萎縮するか反発することでしょう。

では逆に、「国語と社会の偏差値すごいね!」と、良かった成績に感心を示すのはどうでしょうか。

もちろん悪いことではありません。ただ、今回のように、感心できる点とそうでない点がはっきりしている場合、子どもは「でも算数と理科は悪かったから、すぐにそっちに話が行きそうだ」と身構えそうです。あるいは国語と社会の良さに満足して、良くなかった科目のことは「なかったこと」にしてしまうかもしれません。

▶まずは本人に直接感想を聞く

では、どんなリアクションをすればいいのでしょう?

私であれば、いったん「なるほど!」と事実を受け止めてから、「この成績をどう受け止めている?」と尋ねます。ある意味厳しい働きかけかもしれませんが、**こちらでは判断を下さず、本人に判断を委ねる**のです。すると、子どもは自分で考えて素直に「国語と社会は良かったけど、算数と理科は微妙だった……」などと言うと思います。

そこで、国語と社会が良かった理由、算数と理科が微妙だった理由を聞いて考えさせ、それぞれ次のテストに向けて何ができそうかを聞いていくのです。そうして、これからどうするかを一緒に考えてあげるといいでしょう。

NG行動2　率先して勉強を教える

子どもの隣に座って学習内容を教えるのは、意外と子どものためになりません。子どもは、一生懸命説明してくれる親の期待に応えようとして、わからなくてもわかったふりをするものだからです。それに、**知識として定着するのは、自分で考えて、自分で答えを出したこと**です。親の解説を理解しても、その知識はすぐに忘れるものなのです。

そもそも勉強の醍醐味は、わからないことを自分で考えて正解にたどりつく瞬間にあります。親が解き方や答えを教えてしまうと、勉強をつまらないものにさせてしまいかねません。

教えずにヒントを与えて子ども自身に気づかせるのがうまい働きかけですが、時間がかかりますし、待つ忍耐力が問われます。そのため、多くの保護者は率先してわが子に教えたくなってしまうのです。

▶親が教えることで上がる成績は限定的

保護者ががんばって子どもに勉強を教えて、実際に成績が上がっていたとします。その場合も、**いま一度考えていただきたいのは、「子育てのゴールはどこか」という家庭の教育方針**です。

「とにかく、いい学校に入学させられれば、後はその最高の環境で先生や友達に影響されて、成長していってくれるだろう」と考えるのであれば、子どもの受験合格のために全力で勉強を教えるのもいいでしょう。

でも、子育てのゴールを中学受験合格でなく、中学に入学した先、成人になって就職して、親から離れても自分の力で人生を切り拓いていける自立性を養うことであれば、少しずつ、親子の二人三脚状態から子どもがひとりで勉強できるように、距離を置くのが望ましいです。

私の友人知人の私立中学の先生たちは、口を揃えて、**「入学してから伸びるのは、親に手取り足取り勉強の面倒を見てもらってなんとか合格した子より、自分で勉強する習慣を身につけている子だよね」**と言っています。

▶ 親は間接的なサポートに徹したほうが吉

もしも今、子どもに一から十までていねいに教えているのであれば、答えまで導かずに考える材料を伝えたり、考え方を教えたり、テキストのどのあたりを見れば答えを出せるかを示したりといった間接的なサポートにとどめるようにしていきましょう。

6年生の冬頃には、子どもが授業を受けて、復習して、問題演習して、反復するという一連の流れをひとりで勉強できる状態になっているのが理想です。

NG行動3　子どもの目標を親が決める

多くの子どもは、親にいくら言われても、本心から納得しなければ、本気で行動に移すことはしません。無理やりゲームを取り上げ、YouTubeを禁止しても、その時間を勉強に使うことは難しいでしょう。仮に勉強したとしても、嫌々取り組むのであれば、学習効果は期待できません。

▶目標は親子で一緒に考える

子どもの話に耳を傾けて、何を望んでいるのかを理解して、その理想に近づくためにはどうするのが良さそうか、ある程度の方向性や選択肢、幅のある目標を提案して、**子どもと一緒に考える**ことをおすすめします。

私たち大人が持つ多くの経験や知識が、わが子が今の自分たちの年齢になった頃には通用しなくなっているかもしれないということも、頭の片隅に置いておく必要があるかと思います。

だから私は、時代がどう変化しても変わることがないと思われる、必ず伝えたい大事な考え以外は断言を避け、子どもに考えさせる余白のある伝え方やアドバイスをしています。

子どもは私たち大人の手を離れた後、自立して生きていくわけです。中学受験のサポートは親が熱くなってしまいがちですが、子どもの気持ちを主体にした働きかけのほうが、うまくいくことが多いです。

親は**わが子の手を前から引っ張るよりも、後ろから背中をそっと押してあげるスタンス**でいることが中学受験後の成長に好影響を与えます。

まとめ

- □ **テスト結果のとらえ方や勉強、目標設定を親が主導して行わない。子ども本人に考えさせることが大切。**
- □ **自分で考えることで勉強の楽しさを感じさせる。**
- □ **子どもの話に耳を傾け、手を引くのではなく、背中を押してあげるスタンスでサポートするほうがうまくいく。**

ダメな復習と成績が上がる復習の違い

✓ 成績が上がらないときは、復習の方法を見直してみる
✓ 効果のある復習の仕方を身につけると一生の役に立つ

成果につながらない復習方法とは

いつまで経っても成績が上がらない、むしろ下がっているという場合、復習のやり方が間違っているのかもしれません。復習に一生懸命取り組んでいるのに成果につながらない子がやりがちなのは、「ちゃんと見直して、ちゃんと解き直して、ちゃんと正解を書き直す」という復習方法です。

学校や塾でよく言われるこうした方法がなぜダメなのか、どうしたら効果的な復習になるのか、説明していきます。

ダメな復習1 ちゃんと見直す

塾で模試や総合テストが返される際、講師から「ちゃんと見直すんだよ」と言われることがあります。でも、そう言われた生徒の多くは、**答案やノートを机の上に置いて、それを眺めているだけで終わってしまう**のです。テストだけでなく、日々の授業の板書ノートやテキスト、プリントを見直すときも同じです。

机に向かい、答案やノートを広げてそれを見ていると、なんとなく、「ちゃんと見直して」復習している気になってきます。でも、それは「ただ見ているだけ」になっていないでしょうか？

できるようになるには、目だけではなく、手も動かして、頭を働かせる必要があるのです。

ダメな復習2　ちゃんと書き直す

では、見ているだけではなくて、解説を読み、大事なところにマーカーで線を引き、赤ペンで正解を解答欄に書き込んでいる子はどうでしょうか?

残念ながらそれも、成績が上がらない子にありがちな「ちゃんと書き直す」やり方です。

解説を読み、大事なところにマーカーで線を引いて、赤ペンで正解を解答欄に書き込む。これは**勉強ではなく「作業」**です。宿題を解いたノートに○×をつけて、「問1 ア→イ」などと正解を赤で書き入れたとします。後日この「問1 ア→イ」と書かれたノートを見直したときに、何か学びがあるでしょうか?

大事なのは**その正解に至る手順を知ることと、不正解だった問題がなぜ不正解なのかを知ること**です。正解を書き入れるただの「作業」は、成績を上げるための「勉強」とはいえません。

ダメな復習3　ちゃんと解き直す

ただ正解を書き写すだけでなく、ちゃんと解き直しまでやっていても、成績が上がらないと悩んでいるお子さんもたくさんいます。なぜ問題の解き直しをしても、できるようにならないのでしょうか?

もちろん、解き直しは無意味なことではありません。でも**解き直した問題が全く同じ形でもう一回出題される確率は、限りなく低い**

わけです。答えを確認してもう一度解くだけでは、問題が変わると、またわからなくなってしまいます。特に国語の読解問題では、全く違う文章を読むことになるので、解き直しが成績アップにつながらない場合が多いでしょう。

成績を上げる復習とは

では、どのような復習をすれば効果的なのでしょうか？

それは、**「できなかった問題と同じ、または似た傾向の問題が出たら、どうアプローチすれば正解できるか」**を考えることです。

国語の選択問題で、自分は「ア」が正解だと思ったけれど、正解は「イ」だった場合を例に考えてみましょう。

まずは、どうすれば正解が「イ」だと特定することができるのかを、正解からさかのぼって確認します。そして、今回不正解だった問題のパターンを確認し、同じようなパターンの別の問題が出されたときにも当てはまるような、正解を出せる手順を考えるのです。

▶出題のパターンを考え、解き方を一般化する

たとえば、今回の問題は「傍線が引かれた部分を、最も正しく言い換えている選択肢を選ぶ」パターンだなというように、**ほかの問題にもいえるようなとらえ方で問題の出され方を確認します。**

そして、正解を導くための手順を考えていきます。今回のパターンでは、傍線が引かれた部分を文節に区切り、文節ごとに各選択肢文中の文節と１つひとつ照らし合わせ、合っていれば「○」、違っていたら

「×」、判断がつかないなら「△」をつけていき、最終的にいちばん「○」が多くついた選択肢を選べば正解です。

▼ 文節で区切って正解の選択肢を見極める

ア.	傍線が	引かれていない部分を	最も正しく	言い換えていない	選択肢を選ぶ。
	○	×	○	×	○
イ.	傍線が	引かれた部分を	最も正しく	言い換えた	選択肢を選ぶ。
	○	○	○	○	○
ウ.	線が	引かれた部分を	最も誤って	言い換えた	選択肢を選ぶ。
	△	○	×	○	○
エ.	線が	引かれていない部分を	最も誤って	言い換えていない	選択肢を選ぶ。
	△	×	×	×	○

最も丸がついた選択肢が正解

このように**今回出題された問題を一般化して、ほかの問題にも通用する解き方を考える**ことが必要なのです。できれば塾講師が教えてくれるのが一番いいのですが、特に国語では、ここまで教えてくれる講師は多くありません。

あまり塾で説明をしてもらえず、家で保護者が勉強を見る場合などは、親子で一緒に、「この問題はこうすれば正解できるね。じゃあ同じような問題が出たら、次も同じようにすれば解けるかな?」と試行錯誤しながら取り組んでもらえたらと思います。

さらに、「次に似たような問題が出たらどうアプローチすればいいか」ということを、お子さんが親御さんに説明できるようになれば最高です。**誰かに説明できるという状態が、本当に理解しているという状態**ですからね。他人に説明することで、いちばん頭が整理されて記憶に残るのは、説明している本人なのです。

▶ 復習を制する者は受験を制す

こうした復習のやり方は、難しく感じられるかもしれません。でも、ひとつのことを一般化して法則を導き出し、ほかのことにも当てはめられないか検討するという思考ができることは、社会人になってからも役立ちます。むしろ、そうした思考力を子どもの頃から鍛えるために、勉強というシステムを利用しているといえるのではないでしょうか。

私は配信しているYouTube動画の中で、何度も**「復習を制する者は受験を制す」**と言ってきました。それくらい、復習は重要で奥深いものです。「次に似たような問題が出たら、どうアプローチすればいいだろうか」と、親子で一緒に考えることにチャレンジしてもらえたらと思います。

まとめ

- □ 復習は、見ているだけ・正解を書き写すだけ・解き直すだけにならないように注意する。
- □ 出題のパターンを意識し、「次に似たような問題が出たらどうアプローチすればいいか」を考えながら見直しをする。
- □「復習を制する者は受験を制す」と心得る。

模試の結果に対する避けたいリアクション

✓ 合格判定を信じすぎない
✓ 子どものやる気アップにつながるリアクションをする

親の影響力は絶大

模試の結果を見たときの親のリアクションによって、子どもの今後の成績が左右されます。子どもにとって、親の影響力は非常に大きいのです。

そこで、模試の結果に対して保護者がやってしまいがちなNG反応を紹介します。「成績次第でリアクションは変わるでしょう」と思った方にこそ、ぜひ読んでいただきたいです。

NG反応1 志望校合格率の低さを指摘する

模試を受けると、記入した志望校に対する合格判定が、

- A校　合格可能性 20%未満
- B校　合格可能性 40〜60%

というようにパーセント表示で示されます。

これを見て、志望校の合格判定が20%未満だったら、もうその学校に受かる見込みがないと思っていないでしょうか？

がっかりして、わが子に「もう志望校変える?」などと言ってしまう方もいるかもしれませんね。

合格判定の結果が悪くてわが子を責めてしまう方は、**そもそも「合格判定」を信用しすぎています。**合格判定が80%以上と出て「これなら受かるね!」と喜ぶ親御さんも同じです。合格判定というものを正しく理解すれば、おのずと判定を見たときの気持ちも変わってきます。

一般的な私立型の模試の場合、どこの学校の入試にも似ていない、いろいろな学校の入試問題を平均化したような問題が出されています。ですから、合格判定はあくまで目安にすぎません。合格可能性は、入試直前に、その学校の初見の過去問で、すべての科目を制限時間内に通しで解いて、その年の合格最低点に対して何点取れたかで測るのが、最も信ぴょう性の高い確認方法です。

入試まで半年以上ある時点での合格判定は、朝のニュースの終わりの「今日の占い」程度に受け流しましょう。それよりも、**どの問題ができて、どの問題ができていなかったのか、正答率が高い問題なのに間違えている問題はどれかを確認するほうが建設的**です。

NG反応2　成績が良くなかった科目を指摘する

模試の結果を親に見せるとき、お子さんは親の第一声に耳を傾けています。そこで「算数、前回よりも下がってるじゃない!」などと成績が良くなかった科目の指摘をすると、子どもの中にかろうじて残っていたやる気が、ガクンと下がってしまいます。

成績が前回より下がっていることは、子ども自身も理解しています。**成績が下がったことにショックを受けているのは、ほかならぬ子ども自身**なのです。それなのに親からそんな指摘を受けたら、「もう自分には無理だ」と自信を失い、やる気をなくしてしまいます。

私が生徒を指導する際に、**いちばん力を入れるのは、どうすれば生徒のやる気を引き出せるか**ということです。私は模試の成績を生徒に返却する際は、成績の良かった科目、前回から成績が上がった科目や分野、平均正答率が低いのに正解できている問題や、点数は入らなかったけど、がんばった形跡が見られる記述に着目して、そこを認めます。

そのうえで、「せっかくこんなふうに正答率が低い問題がマルになっているのに、ここがもったいなかったね。どうすれば次回もうちょっと点数を上げられるか、一緒に考えてみようか」と声かけをするのです。

模試の結果に対する評価は、**どんな成績であっても、まず良かった点に着目しましょう。**偏差値や点数でなく、局所的なところや、取り組みの姿勢でもいいですから、良かったところを伝え、子どものやる気アップにつなげることが大切です。

NG反応3　成績だけをほめて終わる

良かった点に注目するといっても、**成績だけをほめて終わりにするのはNG**です。成績というのは、株価と同じで、ずっと上がり続けることはまずありません。必ず下がるときがあるのです。

成績だけをほめて終わりにしていると、成績が下がったときの子どものショックが大きくなりますし、親としてもどう声をかければいいか戸惑うことになります。しかも、成績の良さをほめられた子は、次回も良い成績を取ろうとします。当然、親もそれを期待します。すると、短期的な成績アップを求めるようになってしまうのです。

短期的に成績を上げるのは、難しいことではありません。フリマアプりで次回の模試の過去問を購入してやり込むだけでも、次回の模試の成績を上げることは可能です。でもそんなことをしても、またその次の模試では、今回以上に成績が下がるだけです。

ですから、成績をほめる際は、「偏差値が50を超えてよかったね」「順位が上がったからよかったね」というような相対的な評価で終わりにするのではなく、**いい成績につながった取り組みを認める発言とセットにしたい**ですね。

「いい成績だなぁ。今回時間をかけて国語の知識分野に取り組んだかいがあったね」「ここの記述問題で部分点がもらえたのは、あきらめずに書き切ったのがよかったんだろうね」というように、取り組みの姿勢を評価するのです。

そうすると子どもは、「今回はあの取り組み方で成果が出たから、次はこうしたらもっといい結果を出せそうだ」と具体的な行動に結びつけるようになります。受験への取り組みを通じて、このようにPDCAサイクルを回す姿勢を身につけることは、目先の成績以上に大きな財産になると私は思います。

まとめ

- □ **模試の合格判定は占い程度に受け流す。**
- □ **模試の結果は、成績が良かった科目にまず着目する。**
- □ **成績だけをほめるのではなく、良かった取り組みの姿勢とセットで認める。**

「覚えていられる子」になるための勉強法

✓ さまざまな覚え方を知り、工夫して取り組む
✓ 覚えるのではなく理解する

すぐに忘れてしまう子と、覚えていられる子

同じ塾で同じ授業を受けているのに、覚えてもすぐ忘れてしまう子と、しっかり覚えていられる子がいます。

私は講師生活の中で、勉強ができる生徒たちに、覚えるコツを聞き続けてきました。そうして判明した、やってはいけないことや、覚えるための工夫を5つ紹介していきます。

1　一度に一気に覚えず、小分けに復習

ヒトの記憶は、パソコンに保存したデータのように、一度頭に入れたら、その情報は抜けないようになっています。すぐに忘れてしまうのは、記憶が消失したのではなく、思い出せないだけなのです。何かをきっかけに思い出せるのですが、受験では限られた時間内に思い出さないといけません。

瞬時に思い出せるようになるためには、**覚えたことを何回も思い出すことが大切**です。何度も思い出すことで、脳はその情報を「大事な情報」であるとして、すぐに取り出せる手前の引き出しに入れるそうです。

覚えて、忘れて、また覚えて……をくり返すことで、覚えていられる期間が長くなります。つまり、100の漢字があるなら、すべて1日に一気に覚えるのではなく、小分けに復習しながら覚えるほうが頭に残ります。

たとえば、毎晩20の漢字を勉強して、朝に復習。土曜には平日に勉強した漢字を総復習、日曜にも総復習。こうすればひとつの漢字を4回勉強することになります。このほうが、週末に一気に覚えるよりも頭に定着します。

まとめて覚えたものは、まとめて忘れます。 ペンキを2度塗り、3度塗りするように、間を空けてくり返し取り組んでいきましょう。

2 身近なことに置き換えて考える

勉強がおもしろく思えず、頭に入らないのは、勉強する内容が身近に感じられないからです。興味を持てないまま、入試に必要だからとがんばって覚えても、すぐに忘れてしまいます。そして、勉強しているわりに成績が上がらない……とモチベーションも下がってしまうのです。

そこで、**勉強内容を身近なものに置き換えて考えさせる**ことをおすすめします。たとえば、「短歌と俳句を現代に置き換えたらなんだろう?」と考えてみるのです。

数分〜数十分の動画を投稿できるYouTubeが広がることで生まれた、短い動画のプラットフォームがTikTokですから、短歌はYouTube、俳句はTikTokと考えられますね。

そうなると、短歌を集めるように命じた天皇はGoogleのような存在、有名な歌人は、現代でいえばヒカキンさんのようなインフルエンサーといえるかもしれません。

こんなふうに、**「身近なものに置き換えられないか？」とイメージを膨らませる**と、頭に入りやすくなりますよ。

3 物語として頭に入れる

物事を覚えるのに物語の力を使わない手はありません。たとえば、桃太郎と一緒に鬼退治に向かった動物を問われたら、すぐに答えられますよね。正解は「犬、猿、キジ」ですが、これを頭に入れるために、何度も紙に書いて覚えた人はいないはずです。

桃太郎という物語を聞く中で、桃太郎がきび団子を犬、猿、キジにあげて仲間に加えていくストーリーが自然と頭に入っているから覚えているのです。**こうした物語として覚えるやり方は、暗記勉強の代表格である歴史を頭に入れる際に特に効果的**です。

たとえば、「1869年版籍奉還」「1871年廃藩置県」とくり返し書いて覚えるよりも、「版籍奉還によって土地と人民を天皇に返したうえで、それまでの藩を県にした」という流れを理解していれば、版籍奉還と廃藩置県の順番が頭に入って、入試で使える知識になります。

4 声に出す

覚えてもすぐに忘れてしまう子は、覚えることが書かれたテキストやプリントを眺めるだけで、声に出さないことが多いです。**声に出して覚えましょう。**

さらに効果的なのは、誰かに教えることです。塾講師が担当科目に精通しているのは、頭が良いからではなく、毎日生徒たちに教えているからです。教えることで、記憶が深まるのは教える本人なのです。

だから、**子どもが誰かに向けて教科の内容を教える機会をつくれるといい**ですね。親に向けて説明してもらってもいいですし、その時間が取れなければ、架空の誰かや、ぬいぐるみに向かって説明するのも効果があります。

歌にしてみるのも良い方法です。好きな歌の歌詞は、口ずさんでいるうちに自然と歌えるようになっているものですよね。替え歌にしてみたり、リズムに乗って覚えたりすると忘れにくくなります。

5 すぐ覚えようとしない

私は「覚える」というのは、勉強における「最終手段」だと考えています。いくら工夫して覚えても、ただ覚えただけのことは、結局そのうち忘れますからね。でも、「理解した」ことは、頭の中に残り続けます。

覚えてもすぐ忘れてしまうという子は、**「勉強＝覚えること」という認識を「勉強＝理解すること」という認識に改める**のが、勉強ができるようになる第一歩です。

トップ校に進学する子の多くは、親にほめられたいからとか、偏差値を上げて合格の可能性を高めるためだとか、そんなことのために勉強していません。私が見てきた大半のトップ層の子たちは、ただおもしろいから勉強しているのです。

勉強の中で、これは覚えたほうがいいと思うことがあっても、**いきなり暗記に入らずに、どうにかして覚えないで頭に入れる方法はないかと頭を使ってみましょう。**

たとえば暗記のイメージが強い歴史の勉強であれば、ストーリーで紹介する動画を見たり、歴史マンガを読んだりするなどしてみると、勉強が単純な暗記ではなく、楽しいエンタメになります。

まとめ

- □まとめて覚えたものはまとめて忘れてしまうため、小分けに復習しながら覚える。
- □身近なことに置き換えたり、物語を使ったりして覚えてみる。
- □声に出すことや、誰かに説明することでより記憶が定着する。
- □そもそも覚えるのは最終手段にして、単純な暗記にしない方法を考えてみる。

失敗しない家庭教師の探し方（前編）

✓ 家庭教師のさまざまな探し方を検討する
✓ 探す際の注意点を把握する

受験対策の切り札、家庭教師

わが子を塾に通わせているものの、成績が上がらない、苦手科目を克服できない、宿題ができない、授業の復習をしようにも親が教えるのは無理……。そんなふうに行き詰まってしまったときに頼れるのが、家庭教師です。

受験対策の切り札ともいえる家庭教師ですが、**活動している先生の情報が一元化されている場所がないため、わが子に合う先生を探すのは、塾選び以上に難しい**のです。

塾講師であれば塾の方針やカラーに合わせて指導をしますが、家庭教師は「個人」ですから、自分の考えや個性を前面に出して指導します。だから、ご家庭の教育方針やお子さんとの相性の合う、合わないが塾以上にはっきり出ます。

合う場合には塾講師以上に頼りになりますが、合わない場合はとことん合いません。そこが家庭教師探しの難しさです。

ここでは、私自身の知識や経験を踏まえて、家庭教師の探し方をお伝えします。執筆に当たり、灘高、東大出身で家庭教師をしつつ、模試結果分析とコンサルティングを行う株式会社ORA-Trioを運営している杉本啓太先生にご協力いただきました。

どこで家庭教師を探すのか

家庭教師を探すというと、家庭教師センターを思い浮かべる方が多いかもしれません。家庭教師センターとは、家庭教師を家庭に派遣する会社で、**結婚相談所の家庭教師版**のようなところです。

でも、家庭教師センターに頼るだけが家庭教師の探し方ではありません。ほかにもこんな方法があります。

- 個人で活動していて、ブログやX(旧Twitter)で生徒を募集している先生を探す
- 掲示板や家庭教師マッチングサイトで生徒を募集している先生を探す
- 知人の紹介に限り生徒指導を請け負う先生を探す

など、家庭教師を探す方法は、さまざまです。

家庭教師センター、X(Twitter)やブログ、マッチングサイトや掲示板、知人からの紹介、それぞれにメリットとリスクがあります。どれかひとつに絞らず、組み合わせて探していきましょう。

▶ 家庭教師センター

家庭教師センターを通じて先生を探すメリットは、**希望に合いそうな先生を探してもらえるので、手間がかからない**ことです。また、先生の変更など、**直接言いにくいこともセンターから伝えてもらえます。**

デメリットは、センターへの手数料が発生するので、**直接家庭教師に依頼するケースに比べて割高になる**ことと、**どんな先生が来るかはセンターが決めるため、会うまでわからない**ことです。

家庭教師センターの手数料は、依頼主から支払われた指導料の6割以上が相場で、7割以上をセンターの取り分にしている会社もザラです。そのため、自分で生徒を集められる先生は、家庭教師センターに登録しません。自分で生徒を集めれば、センターに高額な手数料を取られなくて済みますからね。本を何冊も出版している有名な家庭教師などは、家庭教師センターでは探せません。

▶ マッチングサイト・家庭教師募集掲示板

マッチングサイト・家庭教師募集掲示板を活用するメリットは、**出身大学や年齢、予算、最寄駅、希望曜日・時間などの条件を入力して、それらに当てはまる先生の検索が簡単にできる**ことです。恋愛、婚活マッチングアプリの家庭教師版といった感じですね。

マッチングサイトや掲示板には、Webサイトや X(Twitter) などで生徒募集をしていない学生家庭教師などが登録しているケースが多いです。サイトへ払う手数料も初回の仲介料以外は発生しない場合が多く、家庭教師センターよりも費用を安く抑えることができます。

デメリットは、**どのような家庭教師かは会ってみるまでわからないうえに、指導者が登録するときのハードルが低いので玉石混交（ほぼ石）**なことです。家庭教師センターの場合は、会社が登録時に面談を行っているので、最低限の指導力は担保されていますが、マッチングサイトはそうではありませんから、選ぶ側の見極める力が問われます。

また、個人契約になるため、家庭教師に何か言いづらい内容を伝えたいときにも、直接連絡しないといけない点にも注意が必要です。

▶ 個人のWebサイトやX(Twitter)への直接依頼

個人のWebサイトやX(Twitter)で直接依頼するメリットは、**Webサイトの文章やX(Twitter)のポストを読むことで、人となりや考えを見極めることができる**ことです。また**直接会う前に、メールやメッセージなどでコンタクトを取ることができる**のも安心なところです。

本を出版していたり、よく講演会を開いたりして名の知れている先生は、家庭教師センターやマッチングサイトを使わなくても、自分で生徒を集められます。そういう有名な先生にお願いする場合、WebサイトやX(Twitter)で直接アプローチすることになります。

デメリットは、**家庭教師を探す手間がかかる**ことです。費用もオープンにしていない人が多いので、聞いてみるしかありません。

ちなみに個人で生徒募集をしている家庭教師の費用はピンキリで、相場はあってないようなものです。高い家庭教師になると、1時間10万円以上になると聞いたことがあります。

とはいえ、**1時間1万円前後**出せば、指導力も、人間的にも申し分ない家庭教師と契約できるはずです。

▶ 友人・知人・親戚などからの紹介

友人・知人・親戚などから紹介してもらうメリットは、**実際に指導を受けた感想やエピソードを教えてもらえる**ことです。

また、紹介者がお子さんのことを知っている場合には、「この子には合うと思うよ」というように、性格面も考慮して紹介を受けられるでしょう。

デメリットは、**紹介してもらうためのコネクションが必要である**ことと、**指導者との相性が悪かった場合、ご家庭によっては紹介者に気を遣って途中で断りづらい**ことです。料金や諸条件を先に聞いておいて、気を遣わず「合わなければお断りを」と言える方から紹介してもらうのがいいですね。

紹介したそれぞれの探し方のメリット・デメリットはあくまで傾向にすぎないので、「この探し方だとかならずこのメリット、デメリットがある」というわけではありません。

家庭教師を探す＝家庭教師センターに相談するのだと限定せずに、さまざまな探し方を検討すると、よりお子さんに合った先生を見つけやすくなるかと思います。

まとめ

- □ **複数の手段で家庭教師を探すことで、リスク分散をする。**
- □ **家庭教師センターやマッチングサイトは、手間があまりかからない反面、どんな先生が来るのかわからない。**
- □ **直接依頼や紹介の場合は、事前にどんな先生なのか知ることができる反面、探す手間などのコストがかかる。**

失敗しない家庭教師の探し方（後編）

✓ 家庭教師のさまざまな探し方を検討する
✓ 探す際の注意点を把握する

前のテーマでは、家庭教師をどこで探すのか、いろいろなパターンを紹介しました。次に、実際にわが子の指導を頼みたい先生を探すときの注意点を紹介していきます。

注意点1　学歴を信頼しすぎない

学歴の高さと、教えるうまさは比例しません。車の免許を取るための教習所の教官は、F1ドライバーである必要はありませんよね。**自分自身ができるようになることと、他人をできるようにすることは、全く別の能力**です。

まだ学ぶことに慣れていない幼い小学生であれば、**学力の高さよりも、子どもの気持ちをわかってくれて、その子に合った教え方をしてくれることが大事**です。どんなに正しいことを言っても、その言葉が子どもに届かなければ意味がありません。

高学歴の先生は、小さい頃から勉強がわりとよくできて、自分の考えに自信がある傾向があります。勉強嫌いで、勉強したとしてもなかなか理解できない子の気持ちがわからないことが多いのです。

そして「この教え方ではダメだから、この子が理解できるところまで目線を下げて伝えよう」とは考えず、自分が成功したやり方に固執しがちな傾向があります。

大学受験など、教わる側の生徒がある程度大人であれば、先生が生徒のレベルまで降りていかなくても、生徒のがんばりによって学ぶことができます。

でも、まだ学ぶ力が育っていない、そもそも学びたいと思っていない小学生だと、まず勉強したくなる働きかけをしてもらって、「おもしろい」と「難しい」の境目ぎりぎりのレベルを狙った教え方ができる先生でないと、なかなか勉強ができるようにはなっていきません。

スポーツの世界では「名選手、名監督にあらず」という言葉があります。選手として力を発揮した人ほど、指導者としてそのレベルに到達する選手を育成することは難しいということです。

これはスポーツだけでなく、勉強にも当てはまります。**勉強ができる人が、子どもの勉強もできるようにするのがうまいとは限りません。** 学歴はあくまで指標のひとつにすぎないと考え、わが子に合いそうかという視点で判断しましょう。

注意点2　依頼内容を具体化しておく

これは塾探しや志望校探しにもいえることですが、**探す前に、まずこちらの希望をはっきりさせる**必要があります。全方位的に「いい家庭教師」なんて、いないのです。高いお金を払うほどいい家庭教師に出会えるかというと、そんなこともありません。

どんな家庭教師にも、得手・不得手があります。たとえば私の場合、国語と社会は教えられますが、算数と理科は手も足も出ません。勉強嫌いな子に、雑談を交えながら勉強のおもしろさを味わってもらうのは得意ですが、スパルタ式に、または無駄なく淡々と学習を進めていくのは、私自身が苦痛で長続きしそうにありません。

家庭教師は塾講師以上に、いろいろなキャラクターの人がいます。そこで、家庭教師を探し始める前に、お子さんの状況と、依頼したい内容をメモに書き出して具体化させましょう。**「現状、何ができていて何ができていないのか」を可能な範囲で書き出す**ことをおすすめします。

「塾で習ったことを家でやると解けないので、再度解説してほしい」「塾の宿題を見てあげられないから、代わりに見てほしい」ということから、「テストまでにやらなければいけない課題の優先順位付け」「毎週の学習スケジュールの作成」のような学習サポートをしてもらいたいなどの要望もあるかもしれませんね。

「そもそも依頼したいことの整理ができない……」という場合は、まずは家庭教師候補の人にカウンセリングをしてもらい、何をどういう優先順位でやるのがいいか考えてもらいたいと依頼すればいいのです。

お子さんにとって「いい家庭教師」を探すために、まずはこちらの要望を具体化させましょう。そうすることで、どういう家庭教師をどういう手段で探せばいいのか、候補となる家庭教師にどんな質問をすればいいのかがはっきりしてきます。

注意点3　わが子を指導するところを確認できるか

家庭教師の中には、授業の様子を親が見ることをNGにしている人がけっこういます。「親が見ていると生徒の気が散ってしまうから」というのが言い分ですが、それで気が散ってしまうのは、その程度の指導力ともいえます。

私は、家庭教師の体験授業では保護者に授業の様子を見てもらっています。通常の授業でも、オンラインの画面越しにいつでも保護者に様子を自由に見てもらっています。そのほうが、お子さんへの私の接し方、そんな私に対する子どもの反応を実感してもらえるからです。

私の受験指導仲間の家庭教師も、同じように授業の様子を見てもらうどころか、生徒と保護者、親子で一緒に授業を受けてもらっているようで、「にしむら先生が紹介してくれた○○先生の授業がおもしろくてわかりやすくて感動しました」とか「塾の授業より100倍わかりやすいと息子が感激していたのがよくわかりました」という報告が届きます。

ある程度自信がある先生だったら、自分の授業を「ぜひ見てください！」と言うと思うんですよね。家庭教師の良し悪しの判断を、お子さん本人の感想だけに頼るのは非常に難しいです。注意点2で具体化した「依頼」にこたえられる先生かどうか、親の目からも確認しましょう。

注意点4　必要に迫られる前に探す

必要に迫られてから家庭教師を探しても、希望に合った先生を見つけることは難しいものです。

たとえば引っ越しで物件を探す際も「来月には引っ越さなければいけない」という切羽詰まった状況より、「良さそうな物件があれば引っ越したい」くらいの状況のほうが、良い物件を探せますよね。家庭教師探しも一緒です。

将来的に家庭教師に頼ることを考えているのであれば、必要に迫られる前に探しておくことをおすすめします。**余裕があるうちに家庭教**

師を探し始めれば、それだけ家庭教師を吟味することができます。

家庭教師センターで探すなら、複数の先生に体験指導を依頼して、比較することができます。直接依頼する場合や、知人から紹介してもらう場合は、先生の指導枠に空きが出たら連絡をもらえるように頼むことができます。

▶ 先生に知り合いを紹介してもらうのも手

頼みたい先生の指導枠が空いていない場合や、その先生の担当科目とは別の科目の家庭教師も探したい場合には、先生の知り合いの家庭教師を紹介してもらえるかを聞いてみるのもいいですね。**信頼できそうな先生が紹介してくれる先生であれば、その先生も信頼できる可能性が高い**です。

このテーマの作成にご協力いただいた杉本啓太先生は、小１のお子さんを持つご家庭から声がかかったのですが、そのときには、面談して家庭教師の活用方法や役割についてアドバイスだけをしたそうです。その後、年に１度くらい雑談や受験の予定などについて話をして、お子さんが小４になってから指導を開始したとのことです。

必要に迫られる前に家庭教師探しを始めることによって、一定期間にわたって家庭教師が発信するブログ記事やX(Twitter)を見続けたり、コミュニケーションを取ったりすることで、検討している家庭教師の指導力や性格についても理解を深めることができます。

合う家庭教師は受験に向けて頼れる味方

家庭教師への理解を深め、指導開始後の具体的なイメージを持つことは、依頼するかどうかを判断するうえでとても参考になります。相性の良い、そして**希望に適った家庭教師が味方についてくれれば、受験に向けて非常に頼れる存在になります。**

あまりフォローをしてもらえない学習塾に通う生徒の場合、家庭教師をつけていることが多いものです。そんな塾の合格実績を支えているのは、じつは家庭教師なのではないかと私は思っています。

まとめ

- □ 家庭教師を選ぶとき、学歴だけを指標にしない。
- □ 依頼内容を具体化させ、授業を親の目からも確認する。
- □ 将来的に家庭教師に頼る予定であれば、早めに探し始める。

コラム6

Q 国語のテスト直しの方法を教えてください

A 国語はほかの科目と違って、復習の方法がわかりづらいですよね。それでは、国語の復習におすすめの方法を、二段階に分けて、具体的に紹介します。

正解、不正解の理由を説明できるようにする

まず**復習の第一段階は、「なぜその答えが正解、不正解になるのか」を考えて、誰かに説明できる状態にする**ということです。

たとえば、選択肢問題で、選択肢にア〜エまでがあって、エが正解だとします。「なぜ、ア〜ウは間違いで、エだけが正解になるのか」を明らかにするために、間違いの選択肢の文中から、本文に書かれていることと逆、「あれ、本文にこんなこと書かれていないぞ」というところに線を引きましょう。

空欄に本文中の言葉を入れる問題であれば、そこに入りそうな言葉がどこに書かれているかを探して、その言葉を丸で囲みます。そして、空欄の前後に線、空欄に入りそうな本文の言葉、丸で囲んだ言葉の前後にも線を引いて、線を引いた言葉を見比べましょう。記述問題であれば、模範解答になっている文章が、ほぼそのまま本文中に書かれているはずです。そこを探して線を引きましょう。

このように、正解・不正解の根拠となるところに線を引くことをくり

返していくと、**次第に答えの根拠探しの勘どころがわかってくる**と思います。これが復習の第一段階です。もうこれでテストの見直しとしては、十分なのですが、さらに得点力を上げたいのであれば、復習の第二段階に進みます。

▶答えの根拠を探す方法を説明できるようにする

復習の第二段階は、「次に同じような問題が出たら、どう答えの根拠を探すか」を説明できるようにすることです。これは大変なので、毎回はできなくてもいいです。でも、「次に同じような問題が出たら、どう答えの根拠を探すか」、これを頭の中に入れて復習すると、得点力が飛躍的に上がります。

国語ができない子は、親御さんや、塾講師から「もっと、よく考えて」と言われがちですが、できない子はどうやって考えるかがわかりません。だから、考えるのではなくて「選択肢の言葉でおかしいところに線を引く作業をするんだよ。答えか、答えの根拠が書かれているところを『本文から探す作業』をするんだよ。**頭を使うんじゃなくて、手を使って線を引くんだよ**」と私は言っています。

まず、手を動かして作業する。頭を使って考えるのは最終手段です。国語は、答えか、答えの根拠が本文中に書かれているわけですからね。答えを考え出すのではなく、答えを探す作業をするように促してあげましょう。

第7章

わが子を
サポートするなら
知っておきたいこと

子どものやる気を引き出す「1文字」

✓ かける言葉を1文字変えれば、子どもの反応は変わる
✓ 感心を言葉にして伝える

「ほめて伸ばす」のは難しい

多くの子育て本には「叱る」よりも「ほめて伸ばすのがいい」と書いてあります。確かに、ほめるより叱ることが多いと、子どもは反抗するか、心を閉ざして聞き流します。

でも、叱りたい状況で、気持ちにウソをついてほめると、親のストレスが溜まります。そもそも、宿題をせずにゲームをやり続けているような状況では、ほめろと言われても無理がありますよね。結局、叱ることで「そのときだけは」なんとか勉強に向かわせる、というご家庭が多いのではないでしょうか。

そこで、「ほめる」よりも子どものやる気を引き出すコツをお伝えします。それは、**今まで子どもにかけていた言葉から、1文字を変える**ことです。それだけで、子どもの反応が変わります。

子どもにかけていた言葉から変える1文字

子どものやる気を引き出すために変える1文字というのは、**「ね」を「な」にする**ことです。「すごいね」と言っていたのを、「すごいな」と言い換えるのです。

「すごいね」は子どもをほめる言葉ですが、「すごいな」は子どもに感心する言葉です。「ほめる」というのは、相手の反応を期待する行動だといえます。でも「感心する」というのは、相手に関係なく、こちら側だけで完結する行動です。

ストレートなほめ方がそのまま子どものやる気に結びつくのは、個人差はありますが、だいたい小学校の低学年くらいまでです。高学年になると、ただ「よくできたね」とほめられても、子ども扱いされているようで、喜ばない子どもの割合が増えてきます。

子どもは、大人扱いされたいものです。したがって子どもをほめようとすればするほど、子どもの機嫌は悪くなります。**だから子どもの機嫌を取ろうとするのはやめて、ほめるのではなくて、ただ感心する**のです。

「ほめる」より「感心する」ほうが簡単

子どもは、ほめ言葉の裏にある親からの期待を感じ取るものです。そして、「そんなのあたりまえでしょ!」と反発します。すると親のほうも「せっかくほめたのに」と悔しくなってしまいます。

うまくほめるには、反発されない形でほめる技術と、反発されても温かく見守れる心のゆとりが必要になるのです。

その点「感心する」のは簡単です。自分が勝手に「感心する」だけですからね。感心は相手の反応を期待するものではなく自己完結していますから、悪い影響が出にくいのです。ここが「感心する」ことと、相手のリアクションを期待する「ほめる」ことが大きく違うポイントです。子どもをほめようと思ったら**「ほめるのではなく、ただ感心を示そう」**と考えてみてください。

感心を示すコツは、子どもに伝えるように感心するのではなく、**心から感心して、それをひとり言のようにつぶやく**ことです。作為的ではなく、心から感心することです。これが習慣になると、子どもの態度が変わってきます。

「そんなに感心できるところがあっただろうか」と思う方もいるかもしれません。日々一緒に過ごしているわが子のことは、あたりまえになりすぎて、良いところになかなか気づきにくいものですから。それよりも、悪いところばかりが目につくと思います。これは、子どもだけではなく、大人に対してもそうですよね。

人は、意識しないと、その人のプラス面よりもマイナス面に意識が向きます。だから、わが子のプラスの変化を意識的にとらえる必要があるのです。**わが子への「関心」のアンテナ感度を上げて、「感心」を示せる機会を逃さない**ようにしましょう。

思い返せば私が多くの生徒から慕ってもらえたのも、ひたすら生徒1人ひとりのいいところを探して、感心し続けてきたからだと思います。こうした姿勢で生徒と向き合うことは、結果的に生徒のためにもなりましたが、もともとは自分のためでした。

マイナス面を意識するよりも、プラス面を意識したほうが楽しい気分になりますからね。感心できるところを探すことは、子どもにも自分にもプラスの影響をもたらすのです。

まとめ

- □ **子どもへの声かけの語尾を「ね」から「な」に変える。**
- □ **「ほめる」のではなく「感心する」。**
- □ **わが子のプラス面に目を向け、感心できるところを探す。**

親が子どもに勉強を教える メリットとデメリット

- ✓ メリットとデメリットを理解し、家庭に合った選択をする
- ✓ コツを押さえて効果的に教える

親が子どもの勉強を見る場合には

勉強が得意だった親御さんの場合、「子どもの勉強は自分が見る」という方針で、実際にすでにわが子の勉強を見ている方もいらっしゃるかもしれません。こうした**親が子どもに勉強を教えることにはメリット、デメリットの両面があります。**

親子という近い関係ならではの良いところと悪いところを把握して、各ご家庭の方針に合った選択ができるといいですね。まずは、親が子どもに勉強を教えるメリットからお伝えします。

▶メリット1 子どものペースに合わせられる

集団塾の一斉授業では、子どもの理解が追いつかないことがあります。体調不良や学校の移動教室などで授業を遅刻・欠席することもあるでしょう。遅れたぶんは自習で取り戻す必要がありますが、独学で理解するのは難しいものがあります。

わからないところは塾講師に聞こうとしても、講師も忙しいですから、いつでも時間を取って教えてもらえるとは限りません。その点、親が教えるのであれば、**子どもが遅れたぶんをすぐにフォロー**できます。

▶メリット2　子どもの現状把握ができる

親が教えることで、**わが子の得意単元・不得意単元を知る**ことができます。正解・不正解だけでなく、答えを出すまでのプロセスも見ることができるからです。こうしたことを把握していると、塾講師との面談でも、課題や今後の目標について具体的な話をすることができるようになります。

ノートの使い方や鉛筆の持ち方、イスに座る姿勢など、勉強の作法がきちんと身についているかどうかを確認できるのも良いところですね。

▶メリット3　子どものメンタル面をケアできる

中学受験では、学校の授業よりもずっとハイレベルな学習内容を扱います。そのうえで、長時間の勉強に耐えられる体力や、成績が思うように伸びない中でも自己肯定感を失わない精神力が求められる、過酷な世界です。受験の世界に足を踏み入れたばかりに、メンタルをやられてしまう子も少なくありません。

でも、親が子どもの勉強を見てあげられるのであれば、**子どもが今どんな精神状態にあるかをつぶさに知る**ことができます。

日々子どもの勉強に寄り添っていれば、子どもの元気がないときや様子がおかしいときに気づくことができるでしょう。子どもがつぶれてしまう前に危険信号を察知して、受験勉強の軌道修正、方向転換をすることができるのは大きなメリットのひとつです。

さて、ここまではメリットを伝えてきましたが、親が子どもに勉強を教えることは、良いことばかりではありません。次のようなデメリットもあります。

▶ デメリット1　塾とは違う教え方になる

教えるための準備が不足していると、子どもは**「塾の先生が言っていたことと違う」**と混乱してしまいます。「これは当然こう教えるだろう」と自信がある問題でも、今はもう別の方法で解くことが主流になっていたり、講師によって全然違う教え方をしていたりするものです。そもそも、事実や名称が、親が子どもの頃に教わったものと、今では異なっていることが多いです。

いろいろな解き方や物事を知ったうえで、自分にベストな解き方や知識を選べる子ならいいですが、「船頭多くして船山に登る」ということわざの通り、**あまり多くの解き方で説明されると、混乱してしまう子が多い**のが実情です。

▶ デメリット2　感情的になってしまう

子どもは、間違ったりわからない問題が多くなってきたりすると、やる気が下がっていきます。ふてくされたり、悪態をついたりすることもあるでしょう。

せっかく教えているのに思うような反応が返ってこないと、親のほうもだんだん怒りたくなってきます。わが子を大事に思い期待しているからこそ、「なんでこんなこともわからないの！」と腹が立ってくるのです。

子どもも、親にダメなところを見られたくなくて、できない姿を隠そうとします。そのせいで、**親が一生懸命になって説明すればするほど、「もうわかったよ!」と反発しがち**です。そして互いにストレスを感じて、親は「もう子どもに教えたくない!」、子どもも「もう親から教わりたくない!」となってしまうのです。

身内に教えるのは、なかなかうまくいかないものです。学校の先生や塾の講師が、自分の子どもの勉強は第三者のプロに見てもらうことが多いのは、こうした難しい面があるからです。

▶ デメリット3　夜更かしにつながる

親はキリの良いところまで進めたいので、「ここまでやろうよ!」とがんばらせますが、子どもの体力と気力にも限界があります。遅い時間帯になると、眠くなって集中力が落ちてきます。

そうなると、かけた時間のわりに成果が出にくくなりますし、睡眠不足から健康や翌日の活動への悪影響が出てしまうおそれもあります。

親が教えるときは4つのポイントを押さえる

このように、親が教えると、子どもの学習効果が下がってしまう可能性があります。とはいえ、やはりわが子の勉強に関わりたいという方も多いはずです。

では、親が子に教えるには、どうすればいいのでしょうか。4つのポイントをお伝えします。

▶ ポイント1　復習を中心に、塾の教材を使う

予習や先取り学習はしないで、塾のテキストなどを使って、

すでに習った範囲に絞って復習をしましょう。塾のテキストで復習すれば、塾の講師が教えたことから、そう大きく外れることはありません。

また、「教える」よりも、計算や漢字の読み書きなど、基礎的な学習を子どもがするのを「見守る」ことを優先するほうがうまくいきやすいです。

▶ ポイント2 時間を短く区切り、メリハリをつける

親と一緒だと気持ちもゆるむため、子どもの集中は長くは続きません。**短時間での集中とリラックスをワンセットにして、メリハリをつけて勉強**しましょう。

キッチンタイマーを使って、「25分勉強したら5分休憩」というように時間を区切る、ポモドーロテクニックという集中法を使うのもおすすめです。

▶ ポイント3 子どもに考えさせ、説明させる

私は、**教える極意は「できるだけ教えないこと」**だと思っています。親は一から十まで全部説明するのではなく、問いかけて子どもに考えさせ、説明させましょう。

考える材料を示して子どもに考えさせて、わからないようであればヒントを出して、子ども自身が気づけるように辛抱強くサポートしましょう。教えるというのは、知識や話術よりも、忍耐力が最も大事だと私は考えています。

▶ポイント4　プロセスを重視し、少しの成長でも認める

家庭学習で大切にしたいのは、○か×かという結果ではなく、**勉強のプロセス**です。計算の途中式や筆算の書き方、漢字の書き順やトメ・ハネなどをチェックして、たとえ不正解でも、「ここがさっきより上達したなぁ」と、成長を認めて小さな成功体験を積み重ねていきましょう。

教える側に立つと、つい相手のできないところばかりが目につくものですが、それを指摘するのはガマンしましょう。成長しているところは必ずあります。ささいな成長でもいいので、探して認め、感心を示しましょう。

親ががんばりすぎない

子どもに勉強を教えるとなると、「うまく教えなくては」と力が入りすぎる親御さんがいます。でも、自転車や車を運転するとき、ハンドルを力一杯握りしめるよりも、ちょっと遊びがあるくらいにゆるく握るほうがスムーズな運転ができますよね。子どもに勉強を教えるのも同じです。

うまく教えようと気合いを入れるよりも、**できたうれしさを子どもに感じさせて、親子で喜びを分かち合うこと**を大切にしてほしいと思います。肩の力を抜いて、「子どもと並んで一緒に勉強する」くらいの気持ちで臨むといいでしょう。

そして、「自分には教えるのはもう無理だ」と思ったら、第三者のプロに任せましょう。**勉強面はプロに任せて、親は生活面と精神面のサポートに徹したほうが、うまくいくことが多い**です。

まとめ

- □ 親が教えると、時間の融通が利くことや、子どもの現状把握ができることがメリット。
- □ 塾と違う教え方になって混乱させてしまったり、つい感情的になったり、夜更かしさせてしまったりする可能性があるのがデメリット。
- □ 勉強面のサポートは親ががんばりすぎず、無理だと感じたらプロに任せる。

やってはいけない叱り方

✓ わが子をむやみに叱っても効果はない
✓ 避けたい叱り方と、叱り方のポイントを把握する

叱ってはダメだとわかっていても

よく「怒りそうになったら、とりあえず大きく深呼吸しましょう」などといわれますが、本当に効果があるのでしょうか。大きく息を吸い込んだら、そのぶん大きな声で叱ることになっている方もいるのではないかと思います。期待しているわが子だからこそ、親もつい熱が入って言いすぎてしまうものです。

そこで、多くの親がつい言ってしまうけれど、できれば避けたい叱り方と、どういうふうに言えばいいのかという改善ポイントをお伝えします。

NG1 過去を引き合いに出す叱り方

まず避けたいのは、**「この前もそれで失敗したでしょ?」という叱り方**です。今まで穏やかに注意し、冷静に諭してきたのに一向に改善されず、今回もまた同じことをやらかした。そうなると、一気に怒りが爆発してしまいますよね。

これは、**大人と子どもの時間感覚の違いが引き起こす問題**です。

大人は１年前のできごとでも結構最近に感じるものですが、子どもに

とっては1年前なんて、記憶に残っていない大昔です。同様に、大人にとって1カ月前、1週間前というのは「最近のこと」ですが、子どもにとっては、「ずいぶん前のできごと」という感覚です。**大人は「この前言ったばかり」と思っていても、子どもはそう感じていない**のです。

また、親が重要だと思って伝えたことでも、子どもはそう感じていないこともあります。「前にこれをやって注意された」という意識が薄いから、また同じことをやってしまうわけです。そうした意識の面でも、大きな開きがあります。

▶ 過去ではなく、未来に目を向けた声かけをする

子どもを叱るときには、過去ではなく未来に意識を向けましょう。「次に同じことをくり返さないために、できることは何か」を、**親が一方的に決めて言い聞かせるのではなく、子どもに考えさせる**ようにするのです。

子どもに考えさせることによって、「親が何か言っている」という受け身の姿勢から、「自分がどうにかしないといけない」と主体的に受け止めて考えるようになります。

とはいえ、子どもが出してくる改善案は、大人からすると無理があると感じることが多いです。それでも、「それは無理があるでしょ」と思ったままを口に出さずに、**まずは「なるほどね」と受け止めましょう。そのうえで、「こうするともっと良さそうじゃない？」と提案してみましょう。**

大人でも、自分で考えて腑に落ちたことでないと、これまでの行動を

変えるにはなかなか至らないですよね。子どもも同じです。過去ではなく未来に意識を向け、親主体ではなく、子ども主体で改善策を考えさせてみましょう。

NG2　価値観を否定する叱り方

子どもの価値観を否定する叱り方も避けたいです。ここでいう価値観とは、「物事のとらえ方、どんなことに重きを置くかという考え方」のことです。小学生ともなれば、もう、その子なりの価値観を持つようになってきますよね。

血のつながったわが子であっても、親子の価値観にはギャップがあります。生まれた時代も親子で異なりますし、当然のことです。それなのに「そういう考えだからダメなの!」なんて言ってしまうと、その子の可能性を狭めてしまいかねません。

時代ごとに価値観が180度変わることは、歴史が証明しています。前の時代で「善」とされていたことが、次の時代では「悪」になり得るのです。わが子が大人になる頃には、今の多くの常識的な価値観は、きっと非常識なものになっていることでしょう。**親自身が、自らの価値観を絶対的なものだと思わないほうがいい**です。

▶ まずは子ども自身に解決法を考えさせる

親であれば、自分がこの世からいなくなった後も、わが子が新たな時代の荒波の中で、しなやかに自分を生かしながら、人生を主体的に生きてほしいと願っているはずです。

ですから、わが子の価値観を否定するのではなく、**現時点でベストだと思われる方法を子どもに考えさせてみましょう。**

「その考えを実現するために、どうすればいいと思う?」とか、「そうすると、こんなことになりそうだけど、それはどうしようか?」というような声かけが効果的です。

私の生徒指導の経験上では、意外と「そんなことを考えたのか、なるほど!」と感心させられる答えが返ってくるものです。そこまで感心できる答えが返ってこなくとも、**叱ったり否定したりする前に子どもに改善策を考えさせる**ようにすると、いずれ自分で考えて行動する子になっていきます。

NG3 感情的な叱り方

「何度言ったらわかるの!」という叱り方も避けたいです。もちろん、親だって怒りたくて怒っているわけではないでしょう。感情的に叱りたくなる、むしろ気づいたときにはもう叱っているというのは、それだけ大事なことだからですよね。

一時的に怒るのをガマンしても、堪忍袋の緒が切れるのは時間の問題です。大きな期待をかけ、大切に思うわが子だからこそ、感情的になってしまうのは当然です。

▶ 時には感情的に叱っていいが、メリハリをつける

私は、**時には感情的に怒ってもいい**と思っています。しょっちゅう感情的に叱っていると、それが日常的になって子どもが慣れてしまって効果が薄くなりますが、たまには感情を出して伝えないと、本気だということが伝わりませんからね。

ただ、感情的に怒った後には、「まあ、そうやって怒ったけれど、ここ

でひとつ提案ね」というように、がらっと調子を変えて穏やかに伝えてみましょう。そうすると、意外と子どもは素直に聞くものです。

NG4　他人と比べる叱り方

「○○ちゃんはクラスが上がったのに、それに比べてあなたは……」という叱り方も避けたいです。具体的な誰かの名前を挙げて比べることで子どもに発奮させたいのだと思いますが、たいていは逆効果です。

子どもに「スマホ買ってよ。○○ちゃんもスマホ買ってもらったんだよ」と言われても、「よそはよそ、うちはうち」と言いますよね。親の理想に近づけたいために誰かを引き合いに出しても、子どもの反発心をかき立てるだけです。

反発しなかったとしても、子どもの自信を打ち砕きます。大人でも、他人と比べられると自分が否定されたような気持ちでやるせなくなりますよね。しかも、それがどうでもいい他人ではなく、いちばん認められたいと思っている親から比較されるのですから、子どもは切なくて屈辱的な気持ちになるのです。

▶叱るときには他人を引き合いに出さない

叱るのであれば、その行為自体を叱りましょう。叱る理由として他人を引き合いに出さないことです。他人がどうあれ、悪いものは悪いと理解させることで、子どもに次はその行為をしないようにしようと思わせることにつながるのです。

NG5 抽象的な叱り方

抽象的な叱り方もプラスの効果が薄いです。抽象的な言い方というのは、「何をやらせても続かないな」「やることなすこと、どうしてそう雑なの」というような叱り方です。こんなふうに範囲が広すぎる叱り方をされた子どもは、何をどう直せばいいのかわかりません。わからないどころか、人格否定につながります。そうなると、子どもの自己肯定感を大きく下げて、親の期待する理想像からますます離れていきかねません。

▶具体的に説明する

子どもの行動を変えるには、**どういう状況で、どうするとダメなのか、その子の理解度に合わせて理由を説明しながら諭す**ことが必要です。性格や能力を否定するのではなく、できるだけ具体的に直すべきポイントを指摘して、どういうやり方なら直せるのかを説明するのです。

そして、一回言ってわからないようであれば、言い方を変えて再度伝える。それでもわからないようであれば、また言い方を工夫して伝える、ということをくり返しましょう。子どもの行動を変えるのは簡単なことではありませんが、あきらめずに、わが子に響く伝え方を模索していきましょう。

まとめ

- □ 叱るときに過去を持ち出すのではなく「これからどうすればいいか」を親子で考える。
- □ 価値観の否定や、他人と比べるような叱り方は避ける。
- □ 抽象的な言葉で叱るのではなく、具体的な指摘をする。

親子の円滑なコミュニケーション方法

✓ 日常のおしゃべりの中でも、子どもの論理的思考は育つ
✓ 子どもの言葉を引き出す聞き方を意識する

日常のおしゃべりが親子関係をつくる

日常の会話の中で、お子さんが自分の好きなものについて熱く語っているときは、聞くことに徹しましょう。熱く語っているときのお子さんは、「この想いを受け止めてほしい！」と、どうにかして相手にわかるように伝えたい気持ちが高まっているはずです。

相手にわかるように伝えるには、複雑なものを整理し、シンプルに伝える必要があります。これは論理的思考の基本です。机に向かって勉強しているときだけでなく、子どもがゲームやアニメについて語っているときなど、**日頃のおしゃべりの中でも、論理的思考は育まれていく**のです。

親子の円滑なコミュニケーションは、結果的に子どもの論理的思考につながっていくのです。それでは、親子のふだんの会話から子どもの論理的思考を育てるために、親はどんなふうに話を聞くといいのでしょうか。5つのポイントを具体的に挙げていきます。

1 話を広げる手助けをする

まずは、話を広げる手助けをしてあげましょう。といっても、難しいことではありません。**今までよりも少しだけ、リアクションを大きくし**

てみてください。それだけで子どもの話したい気持ちがアップします。

親が子どもと一緒に笑い「わぁ、すごい!」と大きくうなずいて見せると、子どもは安心して、知っていることをどんどん話してくれます。今までよりも少しだけリアクションを大きくして、子どもが話しやすい雰囲気をつくってみましょう。

2 否定を少なくする

私たちのように昭和の教育を受けてきた世代は、親や先生や上司から「◯◯するのはやめなさい」とさんざん言われてきました。頭では、わが子を否定する言葉はダメだとわかっていても、つい、これまで自分が言われてきたように「それはダメ」と言ってしまうものです。

そこで、「今忙しいからダメ」とか「それは違うよ」と**否定したくなったときは、クイズに変えてしまう**のがおすすめです。

たとえば「ちょっと待ってね、今お母さんは何をしているのかな?」と、子どもに考えさせてみます。そうすると子どもは「食器を洗っているね。じゃあ、終わったら来て」と待つことができるかもしれません。そんなにうまくはいかず、「やだ。今すぐ来て!」と言われたら、「じゃあ食器洗いのお手伝いをしてくれる?　一緒にやったら早く終わるよ」と提案することもできます。

否定の言葉をクイズや提案に置き替えることで、誰が・何を・なんでしているのか、論理的に考えるきっかけになります。

3 親がしゃべりすぎない

今から英語で自己紹介をしてください、と突然言われたら、どう思いますか？　よほど英語に慣れた方でなければ、あわててしまうはずです。**このあわてる感覚が、子どもの気持ちそのもの**です。

10歳の子どもは日本語に10年間しか触れていません。つまり、10年間英語を勉強した親の英会話レベルと同じくらいの日本語レベルといえます。その状態でよどみなく流暢（りゅうちょう）に話すことは難しいですよね。

親がたくさんしゃべりすぎると、まだ日本語レベルが拙（つたな）い子どもは、思考停止してしまいます。ですから、親がしゃべるよりも、「うんうん、それで？」「なるほど、そうしたら？」というように**次をうながす相づちを入れながら話を聞いてあげましょう。**すると子どもは「まだ自分の話を聞いてくれるんだな」と、安心して話を続けることができます。

4　5W1Hの質問をする

5W1Hとは、When（時間）、Where（場所）、Who（主体）、What（目的・人・もの）、Why（理由）、How（手段・方法）という、できごとを客観的に伝えるための6つの要素です。子どものおしゃべりから5W1Hを引き出す際は、**少し言葉を変えてオウム返しをする**といいでしょう。

たとえば子どもが「今度の日曜日に公園でサッカーするんだ！　自転車で行ってくるね」と言ったとします。この場合、5W1Hのうち、When、Where、What、Why、Howを伝えてくれていますよね。

そこで、「今度の日曜日に公園に行くんだね、誰と一緒に遊ぶの？」などと、オウム返しをしつつ、説明に含まれなかったWhoを尋ねるわけです。そうすると、お子さんは、物事を正確に伝える力が身についていきます。

5　子どもに勉強を教えてもらう

勉強を教えることで一番学ぶことができるのは、教えた本人です。ですから、学校や塾で学んだことを、自分の言葉で親に教え直すと、学びを深められます。**子どもが勉強したことを親に話すのは、家庭でできる最大の復習**です。

塾で、成績が上がっていく生徒の保護者たちに、「何かご家庭で、お子さんの勉強を見てあげたりしているのですか?」と尋ねてみました。

すると、「特別なことは何もしていません。学習内容が私にはもう難しいので、子どもにひたすら、その日の授業で習ったことを教えてもらっているだけです」とおっしゃる保護者が多いのです。

子どもに無理に勉強を教える必要はありません。親が必死に学習内容を頭に入れて子どもの面倒を見るよりも、子どもから塾で聞いた内容を教わるほうが、ずっと学習効果が大きいのです。

何よりもまず笑顔

日頃から子どもに笑顔を向けられているでしょうか?　受験が近づいてくると、子どもの話を聞く余裕も、笑顔で接する余裕もなくなっていくものです。子どもが小さいうち、受験まで時間があるうちから、お子さんの話に耳を傾け、笑顔で話を引き出しましょう。

親が聞き上手になれば、子どもは論理的思考力・学力ともに高めることができます。子どもと一緒に笑って、うなずいて、「教えるのがうまいな」と認めながら、子どもとのコミュニケーションを積み重ねましょう。

そうすることで、入試直前期になって親子ともに余裕がなくなったとしても、**多少のことでは親子関係がゆるがなくなります。**

まとめ

- □ 子どもの話を聞くときは、少しだけリアクションを大きくして、安心して話せる雰囲気をつくる。
- □ 頭から否定をせず、クイズや提案にする。
- □ 親がしゃべりすぎず、5W1Hの質問をしたり、子どもに勉強を教えてもらったりする。
- □ 日頃のコミュニケーションの積み重ねが、入試直前期にゆるがない親子の信頼関係をつくる。

反抗するわが子への対応

✓ 親も無理にガマンしすぎないようにする
✓ 子どもが親にひどい言葉を使うのは本心ではない

反抗する子どもへの接し方

反抗する子どもへの対応について、よくいわれるのは、「感情的にならない」「頭ごなしに命令しない」「怒るのではなく諭す」などです。でも、それが難しいんですよね。

親だって感情的になりたくてなっているわけではありません。子どものために、これはきちんと伝えなくてはと思って言っているのです。それなのに子どもから返ってくるのは「うるせー」といった乱暴な言葉ばかり。怒るなと言われても、無理な話です。では、反抗する子どもにはどう接するのがいいのでしょうか。親自身が疲れ切ってしまう前に、ぜひ次のような対応を試してみてください。

対応1 プロに任せる

親御さんは、いろいろな方法を試してきたはずです。それでも、子どもも経験を積み、知恵をつけて、体も大きく成長していますから、昔のように親が影響力を持つのは難しいのです。小手先のテクニックや、言い方を変える程度では、何も変わりません。

そこで、思い切って**親が直接子どもをどうこうするのはあきらめて、第三者であるプロの力を借りる**のです。プロというのは塾講師や家庭教師のことを指します。塾講師や家庭教師は、勉強を教えるだけが役割ではありません。私自身、塾生の親御さんから「子どもが何も話してくれない」といったご相談を何度も受けてきました。

授業後にその生徒と一対一で話してみると、意外と塾講師にはいろいろと語ってくれるもので、**「本当は行きたい学校があるけれど、親は別の学校を望んでいるから否定される」「親は勉強しろと言うだけで、自分の気持ちを聞いてくれない」といった本音**が飛び出します。

後日、そのことを保護者に伝えると、また保護者から子どもに言いたいことが出てきますから、それを生徒が落ち着いて聞けるように私から伝えて……というふうに、親子間の橋渡しをしてきました。こうしたことは、私だけでなく多くの塾講師が日常的に行っているはずです。

▶ 親の親切心と子の反発心のすれ違い

子どもが親に反抗するのは、親への甘えからです。塾講師と生徒という関係は、親子よりも距離があるため、子どもは塾講師には一定の節度を持って接します。どんなに親のアドバイスが的を射たものであっても、いや、むしろ的を射たアドバイスであるほど、子どもは親に反抗したくなるのです。第三者から言われたら素直に聞く、ということもありますから、可能であれば塾講師の力を借りましょう。

また、塾講師は、何年にもわたり、何百人もの生徒の進学をサポートしています。一方で保護者は、自分が子どもだった頃の知識や、ママ友やメディアからの情報をもとに、わが子にアドバイスすることが多くなります。

そうすると、子どもが直面している現状には合わなかったり、主観に偏った情報であったりすることも少なくありません。子どもは、最新のデータに基づいた情報を塾から伝えられているため、かなりの知識を持っています。そんな自分の知識から判断して、親からのアドバイスが妥当でないと思ったときに、**一から説明するのが面倒臭くて「うるさいな」と反抗的な言い方になる**のです。

仕事や家事について、実家の親からアドバイスされるのを想像してみてください。ありがたさよりも先に「わかっているよ」と思うはずです。

対応2　ただ選択肢を伝える

求められていないのにアドバイスをすると、逆効果です。子どもは親のアドバイスに本心では「なるほど」と思っていても、素直に従いたくないものです。わざと親のアドバイスとは逆のことをやってみせたりします。

そこで、アドバイスをすることをやめて、反抗する理由をなくしてしまいましょう。何かアドバイスしたり、提案したり、命令したりするから反抗されるのです。

私はすべての生徒に対して、ただ選択肢を紹介するだけにしています。たとえば、宿題を出す際には、その宿題をするとどういうメリットがあるかを示したうえで、「メリットを得るか、得ないかの判断は任せるよ」と伝えています。そうすると、結局みんなが宿題をやってきます。

わが子に対してアドバイスをしたくなったら、「こうしたほうがいい」「それはしないほうがいい」というよりも、**「Aという選択肢をとると、**

こういう可能性が高まる」「Bという選択肢をとると、こういう可能性が高まる」という形で伝えましょう。可能性を提示し、判断は任せるという姿勢で子どもに接すると、親子でぶつかる回数が減るはずです。

対応3　正論で返す

子どもを感情的に怒ってはいけないとよくいわれます。確かにいつも怒ってばかりだと、「怒る・怒られる」という親子関係ができあがってしまいますし、怒っているこちらも疲れます。

でも、**子どもの言動が一線を越えたら、毅然と怒るべき**です。問答無用に悪いことをしたときまで、「怒りを抑えて、子どもの気持ちを考えて冷静に」などとやっていては、善悪を判断する力が養われません。ここぞというときはしっかりと怒り、本気を伝えることも必要です。

私も、塾生がほかの塾生のカバンから財布を取り出して中身をあさっていたときや、弁当にいたずらをしていたときなどは、怒鳴りつけて、まだ残りの授業があるのにもかかわらず、家に帰らせていました。社会経験が乏しい子どもは、何が正論なのかもまだよくわかっていないので、正しいことを伝え、正論を学ぶ機会も必要なのです。

親が正論を主張した際にどう反応するかは、その子次第です。反発されたり無視されたりすることもあるかもしれませんが、**親が伝えたメッセージは、その子の中に確実に届いています。**

今は反抗するばかりかもしれませんが、いつかは「あのときはすごく反発していたよね」と親子で笑い合えるようになります。

子どもがひどい言葉を使う理由

いくら反抗期であっても、あまりにひどい言葉を言ってくると、びっくりしてしまいますよね。子どもはなぜ親にそんなひどい言葉を言ってくるのでしょうか。

それは、**学校などで、誰かにそんな言葉を浴びせられているから**です。でも、気が優しく賢い子は、ひどい言葉を言ってきた子に対して、同じようにひどい言葉で言い返したりはしないものです。言い返しはしないけれど、確実に傷ついています。

そんな傷ついてやるせない怒りの感情を外では抑え込んでいて、安全圏の家に帰ると気が抜けてしまうのです。そして、溜め込んだ怒りをぶつけやすい親に向かって、自分が言われたのと同じような暴言をぶつけてきます。

だから、お子さんがどんなにひどい言葉を言ったとしても、それは本心からではないのです。**反抗期の子どもが放つひどい言葉・汚い言葉は、本心からは遠いもの**だということを理解しておいてもらえたらと思います。

まとめ

- □ **子どもが反抗してくるのは親への甘えがあるから。**
- □ **プロに頼る、選択肢を示すだけにするなど、直接ぶつからない手段を検討する。時には正論を伝えることも大切。**
- □ **子どものひどい言葉は本心ではないと理解する。**

コラム7

Q 子どもが完璧主義で、勉強に時間がかかります

A 完璧主義、こだわりすぎるお子さん、いますよね……！　そんなわが子を見守っているとヤキモキしたり、時にイラついたりすることもあるかと思います。そして、「そんな完璧にしようとしなくてもいいから」とか、「そんなこと気にするよりも、まず終わらせよう」などと言うことがあると思います。

でも、きっとその子は、多くの人からしたら些細なことであっても、どうしても気になってしまうのだと思います。**それは気質なので、人から何をどのように言われても、なかなか変わるものではありません。**

だから、「そんな完璧にしようとしなくてもいいから」「そんなこと気にするよりも、まず終わらせよう」と声をかけると、たとえそれがわが子のことを思ってのことだとしても、本人からすると、自分が否定されたような気持ちになって、私の経験上、余計なんとかしようと頑なになってしまいかねません。

親は「見守る」忍耐力が試される

そこで、子どもが取り組みに苦労していたり、イライラしたりしているときには、その姿勢を修正しようとしたり、アドバイスをしたりするのはガマンして、**見守る**ことです。そして**「がんばってるね」と認めてあげましょう。**そうするといずれ、お子さんは成長とともに自覚して、折り合いをつけていきます。

とはいっても、ただ見守るだけでなくて、なんとかしたいという親心もあることでしょう。そうであれば、お子さんが、身の回りで起きていることや、自然のできごとに関心を持つことが多いというのであれば、まさに**その身の回りで起きていること、自然のできごとについての関心をさらに広げて、深めるサポートをしてあげる**ほうに意識を向けるといいと思います。

たとえば、理科に関心があるようだったら、科学技術館に連れていってあげるとか、「まんがでよくわかるシリーズ」(Gakken)とか「科学漫画サバイバルシリーズ」(朝日新聞出版)とか『科学おもしろクイズ図鑑』(Gakken)などの本を与えてあげるなど、伸ばせるところに着目してできることをしてあげると、タイミングが来れば、お子さんはびっくりするほど伸びていきますよ。

おわりに

中学受験の必勝法

中学受験の必勝法は、第一志望校「合格」をゴールにしないことです。

第一志望校に合格できる子は3人に1人。入塾当初に憧れていた学校に入学できる子なんて、10人に1人いるかどうかもわかりません。

そこで、第一志望校「合格」をゴールにするのではなく、受験勉強を通じて知らなかったことを知るおもしろさを味わったり、知識が増えるとおもしろく思えることが増えたり、学校とは別の世界があることを体感したり、家族の絆が強くなったりすることに価値を見出すと、偏差値に囚われなくなります。

そのことを、本書ではくり返しお伝えしてきました。

「そうは言っても、うちの子はなかなか勉強しない……」、そう思われる方もいることでしょう。それは、勉強を「教材で取り組むもの」だと考えているからです。

もちろんいずれ教材中心の勉強になります。でも、まだ幼い小学生の子の勉強は、机に向き合うだけではありません。親子の会話も勉強になりますし、家事を手伝ったり、出かけたり、自然を観察したり、YouTubeのテロップを見るのでさえ勉強になります。

「家から駅まで何メートル?」「歩いて何分かかるだろう?」と親子で

距離や時間を当てっこするとか、まだ時計の見方がおぼつかなかったら、駅のホームで時計を見つけるたびに指差して「今何時?」などと質問してみる。

このような日常と結びついた具体的な体験を子どもにさせることで、それが後の机上の勉強の理解につながっていきます。そして、**もともと具体的な体験はおもしろい**のです。

勉強をおもしろくする工夫は、日常にいくらでもあります。日常の体験からゲーム感覚で学ばせる工夫をすることで、子どもは勉強のおもしろさにハマっていきます。

勉強のおもしろさを知れば、入試の結果にかかわらず、中学受験勉強をした意味があるというものです。

勉強のおもしろさを知った子は、将来どんな進路を歩むにしても、きっと自分を生かした人生を送れるはずだからです。

私はこれからも、子どもたちがよりおもしろがって勉強に取り組めるようになるための発信をし続けます。

わが子を愛する保護者の方々のために、そして子どもたちのより良い将来のために。

2024年1月

「にしむら先生」西村　創

西村　創（にしむら　はじめ）
早稲田アカデミー、駿台予備学校、河合塾Wingsなどで指導歴25年以上。新卒入社の早稲田アカデミーでは、入社初年度に生徒授業満足度全講師中1位に輝く。駿台予備学校ではシンガポール校講師を経て、当時初の20代校長として香港校校長を務め、過去最高の合格実績を出す。河合塾Wingsでは講師、教室長、エリアマネジャーを務める。現在はセミナー講演や書籍執筆、「にしむら先生 受験指導専門家」としてYouTube配信などを中心に活動。著書は『改訂版　中学歴史が面白いほどわかる本』（KADOKAWA）など多数。
YouTubeチャンネル：にしむら先生 受験指導専門家@nishimurasensei

中学受験のはじめ方

2024年３月１日　初版発行

著者／西村 創

発行者／山下 直久

発行／株式会社KADOKAWA
〒102-8177　東京都千代田区富士見2-13-3
電話 0570-002-301（ナビダイヤル）

印刷所／株式会社加藤文明社印刷所

製本所／株式会社加藤文明社印刷所

●お問い合わせ
https://www.kadokawa.co.jp/（「お問い合わせ」へお進みください）
※内容によっては、お答えできない場合があります。
※サポートは日本国内のみとさせていただきます。
※Japanese text only

定価はカバーに表示してあります。

ISBN 978-4-04-606301-4　C0037